中国优秀传统文化丛书

守信

席涛 主编

合肥工业大学出版社

图书在版编目(CIP)数据

守信 / 席涛主编. -- 合肥 : 合肥工业大学出版社,
2012.12

(中国优秀传统文化丛书)

ISBN 978-7-5650-1164-1

Ⅰ. ①守… Ⅱ. ①席… Ⅲ. ①品德教育-中国-青年读物②品德教育-中国-少年读物 Ⅳ. ①D432.62

中国版本图书馆 CIP 数据核字(2013)第 005369 号

中国优秀传统文化丛书·守　信

席　涛　主编			**责任编辑　郝共达**
出　版	合肥工业大学出版社	**开　本**	710mm×1000mm　1/16
地　址	合肥市屯溪路 193 号	**印　张**	10.5
邮　编	230009	**印　刷**	合肥瑞丰印务有限公司
版　次	2013 年 6 月第 1 版	**印　次**	2024 年 1 月第 3 次印刷

ISBN 978-7-5650-1164-1　　　定价：39.80 元

目 录

诚是天道

诚者，天之道也；诚之者，人之道也。诚者不勉而中，不思而得，从容中道，圣人也。诚之者，择善而固执之者也。（《礼记·中庸》）

今译

诚实，是自然本身固有的道理；做到诚实，是为人的基本道理。天生诚实的人，为人处世不必勉强就会合理，言语不必多加思索就会自然得当，举止行动能不偏不倚地符合中庸之道，这就是圣人。做到诚实，就必须选择至善的道理，并且要坚持不懈地去实行它。

时析

自然界的一切，宇宙万物都是实实在在的，万事万物的产生、发展、衰亡都遵循看固定不变的规律，这种规律也是真实的，没有虚假，不受人的意志干扰，可以说真实就是宇宙万物存在的基础，虚假就没有一切，所以，诚是天道。诚就是一种真实无欺的状态或精神，反映天道运行的特征。人之道，是指做人的道理或法则。人作为天地万物中的一员，理应遵循天道，所以人之道的根本目标，就是要达到真诚。儒家思想中，诚是“天人合一”的道德本体，既是天之所以为天之道，又是人之所以为人之道，内在于人而存在。所以，天道之诚，要由人来实现。生而知之的是圣人，学而知之的是贤人，困而知之、勉强而行之的是凡人。不论是圣人、贤人，还是凡人，都能达到至诚、至善的天人合一的境界。圣人天生就能达到诚，而普通人则必须选择善的追求，并坚持不懈地学习才能达到。这段话从宇宙万物存在的现实和规律上说明了诚是宇宙万物存在的基础，因此也是为人的根本，这就从根本上论证了诚的意义。作为天道的根本要求，诚就是要学习、发掘事物的本质及其运行规律与人道的根本要求,所以诚渗透在一切方面。做人要诚实,不讲假话,不欺骗,不作弊,不掩盖错误缺点;与人交往要讲诚信,言必有信,说到做到,不折不扣地履行合同承诺。对国家、对事业、对工作,要忠诚,尽心竭力,不弄虚作假,欺上瞒下;对友情、爱情,也要忠诚,要全心全意,不三心二意、虚情假意。

自诚明,谓之性;自明诚,谓之教。诚则明矣,明则诚矣。(《礼记·中庸》)

今译

由内心真诚而能自然明白道理,这叫做天性;由明白诚的道理后做到真诚,这叫做教化。内心真诚自然就会明白道理,明白道理后自然就会内心真诚。

时析

诚明,是圣人的天性;明诚,是贤人、普通人教化、学习的最终目标。儒家的人性观、天道观认为人性和天性是相通的,天生万物,其性相通,所以儒家才会提倡恕道。己所不欲,勿施于人,由人道而能通天道,所以说诚实于本心而能明晓事理,这是源于天道之性与人之本性的相通。本性即诚,则明晓事理便容易多了。由明晓事理而能做到诚意,则必须通过学习、教育才能实现,这就进了一个层次。通过学习,明晓了事理,也就是天道的规律之后,才逐渐体会到诚,并进而诚于自己的本性,这是贤人、凡人的“明诚”。诚与明虽然不同,但实际却是一体的,诚是不起杂念、专一;明是明白事物蕴涵的道理,通晓世间的法则,二者互相作用。诚只能是忠诚于自己明晓的事理、本性去实践;而明晓了事理、本性,又能忠诚地实行它才是真正的明晓。可以说诚是实践的结果,明是实践后得的结论,由明到诚是理论指导实践,由诚到明是由实践得到理论,诚与明是辩证的关系。而我们通常所说的天才、神童,也不是天生就聪明到懂得所有道理,只是比大多数人在思维方式上更容易理解、把握事物的本质，如果不能坚持不懈地学习、实践，锻炼、提高自身，最终也只会泯然众人矣。

诚者自成也，而道自道也。诚者物之终始，不诚无物。是故君子诚之为贵。诚者非自成己而已也，所以成物也。成己，仁也；成物，知也。性之德也，合外内之道也，故时措之宜也。（《礼记·中庸》）

今译

真诚是自我完善，而道是自己引导自己。诚贯穿在万物的始终，没有诚也就没有万物，因此君子以诚为贵。诚不仅是完善自身的品德修养而已，还要用来成就万物。自我完善，是仁义的表现；成就万物，是智慧的体现。仁和智是人们天性中的美德，结合了内圣外王的道理，所以随时运用而没有不适宜的地方。

时析

依靠着诚，依靠着万物相通的本性就能够完成自我的实现，而不需要依靠外力来助推。要达到诚的境界，不仅仅只是自己依循本性行事，同样也要能让外物依循它自己的事理而行。这里是在要求自己完善，如果自己没有做好，就会生活在迷惑当中。修身心就是利己的功夫。利己不损人则为君子之行，反之就是小人了。修身、齐家、治国、平天下都符合天地至诚之道。

故至诚无息。不息则久，久则征，征则悠远，悠远则博厚，博厚则高明。博厚，所以载物也；高明，所以覆物也；悠久，所以成物也。博厚配地，高明配天，悠久无疆。如此者，不见而章，不动而变，无为而成。天地之道，可一言而尽也：其为物不贰，则其生物不测。天地之道：博也，厚也，高也；明也，悠也，久也。（《礼记·中庸》）

今译

因此,最真诚的德性是永不停息的。不止息,就能长久流传;长久流传,就可以得到验证;得到验证,就悠远无穷;悠远无穷,就能广博深厚;广博深厚,就能变得高明。博厚,可以承载万物;高明,可以覆盖万物;悠久,可以化成万物。博厚与地相配,高明与天相配,悠久则像天地无边无际。像这样,虽然没有表现,却自然彰明;虽然没有行动,却可以感人化物;虽然无所作为,却能够获得成功。天地的道理可以用一句话加以全部概括:它自身诚一贰,它生成万物,神秘莫测。天地的道理就是:广博、深厚、高妙、精明、悠远、长久。

时析

为物不贰,也就是要精诚纯一,持久积累,如水滴石穿。种种内在的变化积累到一定程度就会在外面表现出来,表现得久了就会显得悠远而厚重,以至于高深精妙,显现出一些神性。所以对诚的修养是一个长期的过程,戒骄戒躁,开始也许没能显现出来,感受不到,但久而久之必能有所成就。

“大德不官,大道不器,大信不约,大时不齐。”察于此四者,可以有志于本矣。(《礼记·学记》)

今译

“伟大的德行,不偏向某一种职务;伟大的道理,不局限于某一种事物;真正伟大可贵的诚信,不一定体现在具体的约定上;恒久的四时虽不相同,却运转不停,是最准确的守时。”如果能了解这四种情形所蕴含的道理,就可以立志去学习。

时析

这四种品德是天所固有的,能明白这些,就是体会到了天道。对人来说,心中做出誓约,并不说出口,只是默默地去施行,就是不言而信,这就是人的大信。

诚者，天之道也；思诚者，人之道也。至诚而不动者，未之有也；不诚，未有能动者也。（《孟子·离娄上》）

今译

真实诚恳，是自然本身固有的道理；追求诚，是做人的法则。极端诚而不能感动别人，是不曾有过的事；心不诚，是不可能感动别人的。

时析

诚是天道之本然，人道之当然。人作为万物中唯一具有严密理性思维能力和丰富感性思维能力的生物，其最大的特点就在于能思考、有精神追求。所以，天道之诚，要由人来实现，“思诚”作为人之道，就是实现天之道的根本方法。这就必须“反求诸己”，进行自我反思的内向思维。

孟子曰：“万物皆备于我矣。反身而诚，乐莫大焉。强恕而行，求仁莫近焉。”（《孟子·尽心上》）

今译

孟子说：“一切我都具备了。我反躬自问，自己是忠诚踏实的，这是最大的快乐。不懈地用推己及人的恕道去做，达到仁德的道路没有比这更直接的了。”

时析

孟子的这句话涉及儒家思想的几个重要观念：诚、乐、恕、仁，并揭示出它们之间的关系。天地万物我都能够思考、认识，所以关于天地万物的道理我的内心都能完全明了。回过头加以深刻地反思，如果我所认识的一切都是真实无欺的，那就是最大的快乐。这是一种认识的快乐、探求真理的快乐。但是，仅有认识，仅有自身的发现还不够，所以还要尽力按恕道办事，也就是要善于换位思考，推己及人，用这种方式来处理人与人之间的关系，推行仁道。孟子在这里赋予诚一种充满主体意识、乐观向上的感觉，使天道与人道的统一变得温馨、愉快。实际上是告诉我们追求真理，实现真理的道路固然艰辛、漫长，但其中也充满了实实在在的快乐。

天行有常，不为尧存，不为桀亡。应之以治则吉，应之以乱则凶。（《荀子·天论》）

今译

天的运行是持久不变的，它并不因为尧的贤明而存在，也不因为桀的暴虐而消失。符合治理它的规律来适应它，就会获得吉祥；用导致混乱的办法来对待它，就会遭到凶灾。

时析

自然规律是长久不变的，它是真实、可靠的，也就能够为人所认识、把握、利用。但是老天有它自己不变的运行规律，不是由人而定，也不会受人支配。顺应这一规律，就是诚。尧、舜诚于天道，得到人民的信赖，所以国家昌盛；桀、纣不诚于天道，甚至是在扰乱天道，结果失掉了民心，身死而国亡。所以现实生活中遇到挫折而怨天尤人是不可取的，那怎么办？必须按照事物自身的发展规律去做，也就是诚。

君子养心莫善于诚，致诚则无它事矣。唯仁之为守，唯义之为行。诚心守仁则形，形则神，神则能化矣。诚心行义则理，理则明，明则能变矣。变化代兴，谓之天德，天不言而人推高焉，地不言而人推厚焉，四时不言而百姓期焉。夫此有常以至其诚者也。君子至德，嘿然而喻，未施而亲，不怒而威，夫此顺命以慎其独者也。善之为道者，不诚则不独，不独则不形，不形则虽作于心，见于色，出于言，民犹若未从也，虽从必疑。天地为大矣，不诚则不能化万物。圣人为知矣，不诚则不能化万民。父子为亲矣，不诚

则疏。君上为尊矣，不诚则卑。夫诚者，君子之所守也，而政事之本也。唯所居以其类至，操之则得之，舍之则失之。操而得之则轻，轻则独行，独行而不舍，则济矣。济而材尽，长迁而不反其初，则化矣。(《荀子·不苟》)

今译

君子修身养性没有比内心的真诚更好的了，做到内心的至诚，就没什么事情能够妨害它。唯有做到真诚才能坚守仁爱，唯有做到真诚才能做到通权达变，行不逾矩。以诚心守仁，仁爱便能显露出来，仁爱显露出来才能表现它的玄妙，玄妙才能体现变化，才能化通万物。以诚心行义，义理才能彰明出来，义理彰明，才能玄通变化。化通万物则迭代更兴，这就是天德。天不讲话，人们不得不承认它最高；地不讲话，人们不得不承认它最厚；春、夏、秋、冬四季不讲话，人们能掌握它四季变化的规律，天地四时如此有规律地运行，全是因为至诚。君子因为守诚，则能达到最高的品德，虽然默不作声人们也能明白，不给人们恩惠人们也亲近他，不发怒却依然威严，这是因为他慎独并顺应天命。善于修养道德的人，不真诚就不能慎独，不慎独就不能将仁义表现于外，不能将仁义表现于外，虽然在心里产生了仁义，在脸上显露出了仁义，从嘴里说出了仁义，而百姓仍然不会顺从的，即使顺从也肯定会产生疑虑。天地是最大的了，不真诚就不能化育万物。圣人是最有智慧的了，不真诚就不能感化万民。父子关系是最亲密的了，不真诚就会疏远。君王是最尊贵的了，不真诚就显得卑贱。真诚，是君子必须保持的，是国家政事的根本。只有做到至诚，远方之人才会不召自至，把握真诚就能得到它，舍弃真诚即会失去它。把握和得到真诚则轻松，轻松便可以慎独而行，慎独而行又不舍弃真诚，把握并得到了真诚，行动就不费劲，行动不费劲就会专心致志实行仁义，不停地专心实行仁义，事业就会成功。事业成功，才能就能得到充分发挥，永远前进，不半途而废，仁义就能化成。

时析

荀子在这里讨论“诚”与人德、天德的关系。他指出君子修身养性最好的方法，莫过于用诚来要求自己，诚是修炼一切品德最根本的方法，它既是品德修养的方法，也是品德修养的境界，可以说是一切修养的基础。“仁”“义”是修身养性的核心，但必须以诚为基础，以诚为标准，以诚统摄仁义。诚乃君子恪守之修身养性、安仁行义之根本，也是政务之根本。

君子乾乾不息于诚。（《通书·乾坤益动》）

今译

君子为达到至诚而自强不息。

时析

君子的行为是诚于天道，所以有“天行健，君子以自强不息”之说，也就是说，君子为达到至诚，一生都会终日谦虚谨慎、正直诚恳。

天不言而信，神不怒而威；诚故信，无私故威。（《正蒙·天道篇第三》）

今译

天地不用说话就有信用，神明不用发怒就有威信；因为真实所以有信用，因为无私所以有威信。

时析

天地和神明在人心中的崇高地位和品德是来自其自身的真实、无私。凡是想依靠虚假的宣传误导舆论、迷惑他人的，只会受到质疑和批评；想借助手中的权力，以自己的喜好来恣意妄为的，也只会给人仗势欺人、反复无常的小人印象，永远得不到敬畏。所以不管是领导者还是普通人，要树立自己的诚信、威信，首先应当具备真实可信的基本品质。

诚明所知乃天德，良知，非闻见小知而已。（《正蒙·诚明篇第六》）

今译

通过诚明所得到的乃是符合天道的德性和智慧,不是平时耳闻目睹所得到的一般知识。

时析

诚明是天道与人道的统一,从中所体会到的是天道变化流行的道理,可以说是大道,而日常学习所得的那些具体知识虽然重要,比起对天理、人性的感悟在境界上就低一等了。圣人是天生自诚而明的,他们身上天赋的美德、良知是完整的,所以只要按照自己的本性就能穷理。我们普通人则只能通过学习,不断积累"闻见小知",从中体会总结天德,即由穷理而尽性。圣人和普通人的区别就在于穷理尽性的次序不同,是"自诚明"还是"自明诚"。

天所以长久不已之道,乃所谓诚。仁人孝子所以事天诚身,不过不已于仁孝而已。故君子诚之为贵。(《正蒙·诚明篇第六》)

今译

天之所以长久运行不息的道理,就是所谓的诚。仁人孝子侍奉上天、诚信修身的方法,不过是坚持仁、孝的品德罢了。所以君子以诚于天道为贵。

时析

人性是天道在人身上的具体表现。所以,人性与天道本来没有大小之分,联系天人的纽带便是诚。

"天地之道,可一言而尽。"不过曰诚而已。(《中庸章句》)

今译

"天地的道,可用一个字而说尽。"不过就是"诚"罢了。

时析

诚在宇宙自然是天道(天理)之本然,在人群社会则是人道之当然。这个“诚”涵括了人道与天道两个层面,诚的可贵在于它的不停息,由于不停息而创生万物,是天地、鬼神、日月等万事万物的基础。

诚者自然,信是用力,诚是理,信是心,诚是天道,信是人道,诚是以命言,信是以性言,诚是以道言,信是以德言。(《北溪字义》)

今译

诚是自己本来就有的规律,信是人努力去实现它;诚是道理,信是人的意志表现;诚是自然的规律,信是人去追求这种道理;诚是从天命来说,信是从人性来说;诚是从天道来说,信是从人的德性来说。

时析

宇宙按照自己固有的规律运动、变化和发展,它是实实在在的、真实无妄的,人承认它是那样,人不承认它还是那样。所以,“诚”是天道最基本的特征。古人认为,人是天地的产物,因而人身上自然也保存了天道的本质特征。作为天道本质属性的“诚”,在人身上,则是一种内在的德性。诚是体,信是用;诚为本,信为末;诚是自然,信是人为。诚被提升到天道与天理的高度,从而确立了诚的神圣性与至上性。而在宋儒看来,自然界无非是天理的派生,人类社会是自然的一部分,所以由伦理纲常规定的社会秩序也是自然秩序的一部分。人遵从社会秩序,就是遵从自然秩序,也就是遵从天理。这种遵从就构成了人伦道德的真正基础。因此,诚自然成为人道之信的道德基础和合理性的依据。

天不容伪。(《潮州韩文公庙碑》)

今译

虚伪的言行，天道不容。

时析

北宋苏轼在这篇为唐代文学家韩愈所写的碑文中驳斥伪诈。天道为诚，真实不虚。虚伪的言行固然可能会欺骗人一时，但无法欺骗天，天理昭昭，报应不爽，就是因为天道不会为人而改变，天是不会受表象迷惑的。

有能推至诚之心而加以不息之文，则天地可动，金石可移。（《乐城集·三论分别邪正札子》）

今译

怀着极大真诚又勤勉地撰写文章，就可以感天动地，使金石般牢固的东西也移动。

时析

北宋大文学家苏辙在这里指出，文章是表达人的情感和观点的，怀着一颗真诚的、奋斗不息的心写出的作品，会让人感受到作者的真情和坚韧，这样的作品最能打动人。

诚者，天之道也，阴阳有实之谓诚。（《张子正蒙注·太和篇》）

今译

诚是自然的法则，自然的阴阳变化是真实的，就叫诚。

时析

所谓“诚”，是说自然如此，本来如此。凡是客观存在的东西，无所谓虚假，都可以称之为“诚”。而宇宙中充满了阴阳二气；二气相互融合，相资相济，使宇宙广大而长久；阳健阴顺之性乃气所固有。阴阳二气的存在及其性能和变化，皆自然如此，既非虚无，也非人为，所以有其客观实在性。

性者，诚之所丽也。（《读四书大全说》）

今译

性，就是诚依附于人的表现。

时析

个人特质，如价值观、个性、品德、思想都是诚性的衍生物。王夫之所说的人性包含着仁、义、礼、智等内容，因而诚作为“性于天道”或“在人之天道”与“在天之天道”的统一，就是一种符合伦理原则的道德境界了。这种道德境界，与其所依附的“性”共同实现着真善美的统一。

圣，诚而已，学以至乎圣人之道者，思诚而已矣。（《明儒学案·蕺山学案》）

今译

圣，就是诚罢了，通过学习达到圣人境界的道理，就是人道“思诚”的道理。

时析

圣人虽然是生而知之，但普通人也可以通过学习达到圣人的境界，学习的内容就是“天道”，这一过程就是通过人道来感通天道，即“思诚”。

夫一者诚也，天之道也。诚之者明也，人之道也，致良知是也。因明至诚，以人合天之谓圣。（《明儒学案·师说·王阳明守仁》）

今译

那包容一切的就是诚，就是自然的法则。天道之诚是通过学习来明白，就是人之道，就是在实际行动中实现良知，明白这个道理而实现诚，达到天人合一就叫圣。

时析

这里所说的“明诚”，就是人通过后天的修养、学习明白了天道，也就明白了这其实就是人道。真正明确做“人”的道理，就能掌握“诚”这一真实本性；反过来说，又由于真正明确人的“诚”这一真实本性，就能更加明察事理，这样便能做到天命人性不相违背。随着因明至诚、因诚致明的不断深入，人可以通过自身的修行而把握玄妙的天性，从而了解乃至改变外在的客观世界。

知致则意诚。（《王文成公全书·传习录》）

今译

知识学到了，意念也就真诚了。

时析

诚意不是整天独坐一室反观内省，而是要在实践学习的过程中不断反思，去学习真理，用实践检验真理。掌握的真知越多、越深入，就越发能了解天道。

诚字有以工夫说者：诚是心之本体，求复其本体，便是思诚的工夫。（《王文成公全书·传习录》）

今译

诚以它的实践方法来说：诚是心的本体，力求回归心的本体，便是思诚的方法。

时析

王阳明的心学理论提升“心”的地位，强调人的主观能动性，提出“知行合一”工夫论，正是对孟子、《中庸》思诚的发扬。

名实相符

圣人抱一为天下式。(《老子》第二十二章)

今译

有道的圣人,能够保持诚实自然的纯真本性,而成为天下万事万物的榜样。

时析

圣人的本性、品德、行为方式是一个整体,保持着婴儿般的纯真,没有半点的虚伪和心机。这里的“一”就有统一、一致的意思,圣人真诚自然,表里如一。

子路曰:“卫君待子而为政,子将奚先?”子曰:“必也正名乎!”子路曰:“有是哉,子之迂也!奚其正?”子曰:“野哉,由也!君子于其所不知,盖阙如也。名不正,则言不顺;言不顺,则事不成;事不成,则礼乐不兴;礼乐不兴,则刑罚不中;刑罚不中,则民无所措手足。故君子名之必可言也,言之必可行也。君子于其言,无所苟而已矣。”(《论语·子路》)

今译

子路(对孔子)说:“卫国国君要您去治理国家,您打算先从哪些事情做起呢?”孔子说:“首先必须正名分。”子路说:“有这样做的吗?您想得太不合时宜了。这名怎么正呢?”孔子说:“仲由,真粗野啊!君子对于他所不知道的事情,总是采取存疑的态度。名分不正,说起话来就不顺当合理;说话不顺当合理,事情就办不成;事情办不成,礼乐也就不能兴盛;礼乐不能兴盛,刑罚的执行就不会得当。刑罚不得当,百姓就不知怎么办好。所以,君子一定要定下一个名分，必须能够说得明白，说出来一定能够行得通。君子对于自己的言行，是从不马马虎虎对待的。”

时析

“正名”是孔子“礼”的思想的组成部分。正名的具体内容就是“君君、臣臣、父父、子子”，只有“名正”才可以做到“言顺”，接下来的事情就迎刃而解了。也就是说，只要名实相符，任何事情、任何人都能表里一致，实实在在，实践起来就得心应手了。当今社会中也迫切需要“正名”，实事求是，杜绝虚假伪诈，就是要求建立现代诚信制度。发掘古代诚信思想中超越时代局限、等级界限的道德伦理，从社会正义的角度出发，诠释普遍伦理规范下的诚信原则，从对诚信的道德自主性要求，扩展到制度保障的规范中，把诚信引入当代社会的政治伦理、经济伦理、环境伦理、网络伦理中，实现诚信的现代转化，重新树立诚信在中国社会、文化中的地位。

棘子成①曰：“君子质而已矣，何以文为？”子贡曰：“惜乎，夫子之说君子也！驷②不及舌。文犹质也，质犹文也。虎豹之鞟③犹犬羊之鞟。”（《论语·颜渊》）

注释

①棘子成：卫国大夫。古代大夫都可以被尊称为夫子，所以子贡这样称呼他。②驷（sì）：拉一辆车的四匹马。③鞟（kuò）：去掉毛的皮，即革。

今译

棘子成说：“君子只要具有好的品质就行了，要那些表面的仪式干什么呢？”子贡说：“真遗憾，夫子您这样谈论君子。一言既出，驷马难追。本质就像文采，文采就像本质，都是同等重要的。去掉了毛的虎、豹皮，就如同去掉了毛的犬、羊皮一样。”

时析

这里是讲表里一致的问题。棘子成认为作为君子只要有好的品质就可以了,不需要用外在的文采修饰。但子贡反对这种说法,他认为良好的本质应当有与之适当的表现形式,否则,本质再好,也无法完美地显现出来。君子说话慎重,因为话说出去就收不回来,就必须照着去做,而且是唯恐来不及,尽全力去履行承诺。其实名实关系中,实固然重要,但如果其名不能对实进行恰如其分的表现,不仅会降低对其言的信任,也会减弱人们对其实的认知。所以,从诚信的角度看,名副其实就是内在与外在的统一,这样就文质彬彬了。

子曰:"其言之不怍[1],则为之也难。"(《论语·宪问》)

注释

①怍(zuò):惭愧的意思。

今译

孔子说:"说话如果大言不惭,那么实现这些话就是很困难的了。"

时析

这是现实中大多数言行不一之人的表现,所谓"盛名之下,其实难副"大约便是这类人了。之所以惭愧,是怕实现不了,因此会加倍地努力。如果对说出的承诺毫不在意,没有一点担心、惭愧,证明他根本就不重视,那么履行起来自然也不会认真。

以名举实。(《墨子·小取》)

今译

用名来指称实际事物。

时析

也就是说,言语修辞的根本目的是为了描述或叙述实在的事物,思维的目的是要探求客观事物间的必然联系以及探求反映这种必然联系的形式。

瞽[1]不知白黑者，非以其名也，以其取也。（《墨子·贵义》）

注释

①瞽(gǔ)：指盲人。此句孙诒让《墨子间诂》以为有脱字，应为“瞽不能知白黑者”。

今译

盲人不知道黑白的色彩，不是因为它们的称谓，是因为黑白所指称的对象。

时析

盲人所知道的黑色白色，只是停留在字面上，实际并不知道黑色和白色这两种色彩到底是什么样的。所以墨子主张以实正名，名副其实。不是以名正实，而是以实正名，使名副其实。他用从事实出发的观点，说明在“名”“实”关系上，“名”必须服从“实”，没有“实”作基础，“名”就是虚假的。

所以谓，名也；所谓，实也；名实耦，合也。（《墨子·经说上》）

今译

所用来称呼的，是名，所称呼的对象，是实。名实对应，就相统一了。

时析

言辞的好坏在于是否能准确表达它所指的对象，所以言辞的目的是要名实相符。

言无实不祥。不祥之实，蔽贤者当之。（《孟子·离娄下》）

今译

说话没有事实根据是不好的。不祥的后果由阻碍选用贤者的人承受。

时析

人的言语不实，就是虚妄之言，这样的言语容易掩盖人的优点或者缺点，就会造成对人的误解，产生不好的结果。所以说话应当实实在在，有根有据。

守信

声闻过情，君子耻之。（《孟子·离娄下》）

今译

名誉超过实际的，令君子感到可耻。

时析

过分的夸张会偏离事实的真相，这样的言辞不可信，所以君子听到就会以之为耻。

大人者，不失其赤子之心者也。（《孟子·离娄下》）

今译

有德行的人，就是那些不失去如婴儿般纯洁真诚心灵的人。

时析

这句话还有一种解释，是说大人指国君。国君对待百姓，应当如同对待招人喜爱的婴儿一样。这里是指不能失掉民心。

名者，实之宾也。（《庄子·逍遥游》）

今译

名，只是真实的附属。

时析

一个事物的名称或名声，是事物本体的从属。

言不得过实，实不得延名。（《管子·心术上》）

今译

言辞不能超过事实，事实也不能延长言辞。

时析

事实俱在，容不得半点夸大和虚假。

制名以指实。（《荀子·正名》）

今译

制定名称是为了指明实事。

时析

名是用来指谓实的、约定俗成的概念，它决定于实，一旦形成也不能轻易改变。王者、智者都努力去使名与实相符。

事各顺于名，名各顺于天，天人之际，合而为一。（《春秋繁露·深察名号》）

今译

事物分别顺应于它们的名义，这些名义分别顺应于各自的天性。天性与人为的名义，相互配合、统一。

时析

事物各自有其不同的特点，它们的称谓都是与它们的特点相统一的，这样既便于认识了解，又便于相互区分。这种"合而为一"，便是名实相符、真实自然的表现。

华而不实，怨之所聚也。犯而聚怨，不可以定身。（《左传·文公五年》）

今译

华而不实，是大家都怨恨的；干涉别人会招来大家的怨恨，就不能使身体安定。

时析

这是评价晋国大臣阳处父的话。阳处父作为大臣只会打官腔，而不能给别人实际的帮助，这是大家都很厌恶的。既干涉他人的事务，而又被大家所厌恶，这种人早晚会性命不保。所以在工作、交往中要扎扎实实，讲求实效。

华而不实，耻也。（《国语·晋语》）

今译

外表华丽而内在空虚，是令人感到羞耻的。

时析

内心丑陋之人，反而更注重以华丽的衣服、饰品装扮自己。产品质量低劣，却把大量的人力、物力投入到外形包装、广告宣传上。如果不努力提高自己，徒有漂亮的外表，无实际内容，真面目最终被揭露，只会沦为被耻笑的对象。

实事求是。（《汉书·河间献王》）

今译

从客观事实中去研究，得出真相。

时析

河间献王刘德，是汉武帝的弟弟。他一生最大的嗜好是收藏古书，遇到民间送上的善本，他都找人来誊写一遍，然后把抄好的书给人家，自己保留原本。唐朝人颜师古评论他这种行为“务得事实，每求真是也”，是指他所珍藏的古书都是真正的好本子，所得古书中所讲内容也都符合古代事实。后人把这句话引申为对一切事都应当尊重事实，从实际出发，凭事实说话。

名必有实，事必有功。(《申鉴·俗嫌》)

今译

名声必须有事实与之相配，做事情必须有结果来证实。

时析

这句话提醒人们注意，有时候一个人有很大的名气，但却不一定名副其实；有时候做一件事情有很好的初衷，但却不一定有好的结果。所以，在观察人或事时，都要看其真实的情况或实际的效果，而不要听信虚名。

大人不华，君子务实。(《潜夫论·叙录》)

今译

卓越的人不追求虚有其表，有修养、有名望的人致力于实际。

时析

实就是讲究实际、实事求是。有时候过多的辩论只会让事情更加复杂，事实胜于雄辩：面对事实，各种争论自然显得苍白无力。修身以践行为主，通过参加社会实践活动，磨炼意志，强健体魄，建功立业。如果只是口头上有豪言壮语，缺乏切实履行的决心，哪怕是舌绽莲花，所谓的功业永远只是空中楼阁，可望而不可即。

开心见诚，无所隐伏。(《后汉书·马援列传》)

今译

对人处事要敞开心胸，以诚相见，没有什么可以躲避隐藏的。

时析

真诚就是自己想什么就说什么，心口一致，进行心与心的交流，长处和短处都明白地展现出来，这样相互间的了解就更深入，也更容易得到别人的宽容和理解。

不曲道以媚时，不诡行以邀名。(《全后汉文·政论》)

今译

不能违背人生准则以迎合时俗的喜好，不能以欺诈的行为以取得虚名。

时析

违背诚信原则去邀名取誉，必然是欺世盗名之人，这种不是依靠自己真实的本性和功德得到的名利，是无法长久的。当真相暴露时，其虚伪的本性也就暴露无遗。

诚者，至实而无妄之谓。天所赋，物所受之正理也。(《通书说解·诚上第一》)

今译

诚，就是真实而没有虚假，这是天所赋予、物所接受的不偏不倚的道理。

时析

天之所赋，物之所受，皆实理之本然，无不善之杂也。天道是由人来证成，没有人则不能知有天道，说明天道需要由人证成的，能证成天道的人称为圣人。人要根据天道变化，端正对天命和人性的态度。

诚，实也。反身不诚，反求诸身而其所以为善之心有不实也。不明乎善，不能即事以穷理，无以真知善之所在也。(《孟子集注·离娄上》)

今译

诚，就是真实、实在。自我反省不诚，就是回过头来反思人性，发现自己追求善的心不真诚。不明白什么是人性中的善，就不能通过研究事物穷尽其中的道理，也就无法真正了解善在哪里。

时析

人都有恻隐之心、是非之心、羞恶之心、辞让之心，这就是人本性中善念的发端，明白了这四个源头，就可以通过现实生活中的事物反思人性，把这四个源头放大、扩充，就能达到至善的境界。

诚者，真实无妄之谓，天理之本然也。（《中庸章句》）

今译

诚信，就是真实而无虚假，天理本来的样子。

时析

朱熹肯定“诚”是一种真实不欺的美德。要求人们修德做事，必须效法天道，做到真实可信。说真话，做实事，反对欺诈、虚伪。

诚者，实有此理。（《朱子语类·性理三》）

今译

诚，就是真实存在的道理。

时析

道理就在天地万物中蕴涵着，不管人有没有发现，都在自然而然地发挥着它们的作用。真理是人对天地万物的本质及其规律的正确反映。真理的形式是主观的，但内容是客观的，不以人的主观意志为转移。人对这些真理正确、真实的认识就是诚。

诚只是一个实，敬只是一个畏。妄诞欺诈为不诚，怠惰放肆为不敬。此诚敬之别。（《朱子语类·性理三》）

今译

诚就是真实，敬就是畏惧。虚假、荒诞、欺侮、诈骗就是不诚，懈怠、懒惰、放纵不羁就是不敬，这就是诚和敬的区别。

守信

时析

“诚”与“敬”是既有区别又有联系的。“诚”就是“实”而不说谎,不自欺;“敬”就是“畏”而不敢怠慢,毕恭毕敬,敬畏二字常被连在一起使用。然而,“诚”与“敬”又是相互统一的。朱子之“立诚以致敬”,说明若“立诚”便能够“致敬”,即“诚”则“敬”。“诚”与“不诚”并不是不可逾越的。由“诚”及“自欺”,由“自欺”及“诚”可能只是瞬间的变化,故君子必慎其独。我们特别要注意这个“独”字。朱子指出:“独者,人所不知而己所独知之地也。”这就是说,要在“独”字上下真工夫、硬工夫,在任何时候、任何地方都应做到独善其身,这才是“诚”。朱子的这番论述对于在纷繁复杂的社会浪潮中拼搏的人们是一种有益的训诫。我们在道德修养中一定要谨慎处之,在“诚”字上切不可三心二意,否则将陷于自欺欺人的不诚境地之中。

诚,实理也,亦诚悫[①]也。由汉以来,专以诚悫言诚。至程子乃以实理言,后学皆弃诚悫之说不观。《中庸》亦有言实理为诚处,亦有言诚悫为诚处。不可只以实理为诚,而以诚悫为非诚也。(《朱子语类·性理三》)

注释

①悫(què):朴实厚道、恭谨的意思。

今译

诚,是实存之理,也是诚实谨慎的意思。自汉代以来,专门以诚实谨慎来解释诚。到程颐时才以实存之理解释,后学便都放弃了诚实谨慎的说法。看《中庸》,其中既有说实存之理是诚的地方,也有说诚实谨慎是诚的地方,不能只把实理当做诚,而以为诚实谨慎就不是诚。

时析

诚的思想在不断发展,到宋代发生了重大转变,引起了争议,《中庸》是诚的哲学的集中体现,这些矛盾可以从中找到答案。

诚意，只是表里如一。若外面白，里面黑，便非诚意。今人须于静坐时见得表里有不如一，方是有工夫。如小人见君子则掩其不善，已是第二番过失。（《朱子语类·大学三》）

今译

诚意，就是表里如一。如同表面是白色，里面是黑色，这样就不是诚意。一个人如果在静坐反省时发现自己有表里不一致的地方，这才能收到效果。如果像小人见到君子就把不好的地方掩盖起来，这就是错上加错。

时析

人心中善念、恶念混杂，诚意的功夫就是要去除恶念，所以君子不会掩盖自己的不足，而是努力发现不足，勇于改正，向表里如一的目标前进。小人则会因为自己的不足自惭形秽，缺乏改正的勇气，而想尽办法掩饰，这样离真诚就越来越远。

一心之谓诚，尽己之谓忠。诚是实理自然如此。（《朱子语类·程子之书三》）

今译

一心一意就叫诚，自己尽心竭力就叫忠。诚是实实在在的道理，自然而然地存在。

时析

朱熹把“诚”和“忠”两个近似的概念作了一些区分，“诚”强调的是真，是真实而自然的存在，“忠”，强调人在主观上的努力。

明实理，做实事。（《象山集·象山语录》）

今译

明白实实在在的道理，做实实在在的事情。

时析

这是在告诫人们做人要实在,切不可弄虚作假。

诚,以言其实有尔。(《张子正蒙·天道篇》)

今译

诚,用来描述天道的真实。

时析

诚的本意是真实无妄、诚信不欺,天道不以人的意志为转移,自然、恒久的存在,因此可以用诚来言说。

诚意而不以礼则无征,盖诚非礼无以见也。诚意与行礼无有先后,须兼修之。诚谓诚有是心,有尊敬之者则当有所尊敬之心,有养爱之者则当有所抚字之意,此心苟息,则礼不备,文不当,故成就其身者须在礼,而成就礼则须至诚也。(《经学理窟·气质》)

今译

要使意念真诚,不借助礼就无法体现,完全是因为诚意不通过礼仪实践就表现不出来。诚意和行礼没有先后,必须一起修炼。诚是说真的有这个心,有尊敬他人的行为就必定要有尊敬他人的心意,有养育爱护的人就必然要有抚育的心意。这个心意一旦消失,那么礼就不完整了,礼文修饰也就不恰当了。所以要自身有所成就就必须借助礼,要完成礼就又要付出最大的诚意。

时析

诚意不是自己说有就有的,必须借助一定的规范,礼仪不仅可以最大限度地展现出人的诚意,也可以让人的诚意在实行礼的过程中得到强化。礼仪不是简单的程序和装饰构成的空架子,而是要以发自内心情感来行礼，赋予礼以灵魂。古代的礼制是建立在等级秩序基础上的，以此形成的道德伦理自然也受等级秩序的限制，我们今天要想建立新的民族道德体系，就必须在当代社会结构之中重新构建道德价值体系，建立完善的诚信监督机制，从制度上促进诚信社会的建立。

实言实行实心，无不孚人之理。（《呻吟语·应务》）

今译

说话实在，办事实在，为人实在，没有不使人信服的道理。

时析

踏踏实实做人，踏踏实实做事，是因为有一颗踏踏实实的心，这样的行为以质朴真诚打动人心。有人认为老实人容易吃亏，而作假的人往往占便宜。老实人虽然会吃亏于一时，但不会一生都吃亏，作假的人占得一时便宜，但不会一生都占便宜，公道自在人心，诚实的人终将取得别人和社会的信任、尊敬和支持。因作假而升官发财或以权谋私得到利益的人只会遭到唾弃和谴责，他们又有几个有好下场呢？

人而不实，无一而可。（《读书录·卷十》）

今译

为人不诚实，就没有一点可以被称道的。

时析

人如果不诚实，他的一言一行、一举一动都值得怀疑，都可能是虚假的，那就无法与人正常交往，也就没有办法在社会上生存了。

人之所为，一有不实，即为妄矣。（《读书录·卷十》）

今译

人的所作所为，一旦有不诚实的地方，就变得虚妄了。

时析

做人要脚踏实地，一旦犯错，也要勇于改正，肯承认错误，就仍是诚实的。如果执意不改，在处事上失去了真诚的态度，就是虚伪的人。

百种奸伪，不如一实。（《性理精义·治道》）

今译

再狡诈、虚伪，也不如诚实。

时析

以虚伪和奸诈待人的，自己得到的也是虚伪和奸诈，这样的人就生活在一个虚假的世界，体会不到人生真实的意义。

立身制行，本诸一心，心正则为忠，为直，众美集焉；不正则为奸，为慝①，群恶集焉。（《御制人臣儆心录·序》）

注释

①慝（tè）：邪恶，恶念。

今译

为人处世，以一心一意、思想端正为根本，思想端正就忠诚正直，各种美德汇集于身；思想不端正就奸狡、邪恶，各种恶行都会发生。

时析

这是顺治皇帝所写的一篇文章，告诫臣子们应当忠诚；一心一意就是诚实，安身立命、为人处世都应当诚实。

言行如一

修辞立其诚。《周易·乾·文言》

今译

学习言辞要真诚。

时析

有道德修养的人注重文化教养，擅于用美好的言辞表达观点、描述事物，但是言语巧妙，首先必须做到诚实，不能夸大，不然就会以辞害意，那就是用虚伪浮夸的言辞来迷惑甚至欺骗他人了。

君子以言有物，而行有恒。（《周易·家人·象》）

今译

君子说话有根据，做事有恒心。

时析

说话要有实际内容而不能假、大、空，要有实际内容就必须实实在在地对事物做一番调查研究；做事应该持之以恒，不可半途而废，要持之以恒就必须意志坚强，心志专一。言行有明确的目标，以诚信为本，坚定忠实地履行诺言，使自己的言行相统一，这样的人在现在比较少见了，更多的是那种因为缺乏责任感而说话漫无边际、做事阳奉阴违的人。

君子以见善则迁，有过则改。（《周易·益·象》）

今译

君子看见好事马上跟过去学习，发现错误就立即改正。

时析

“三人行，必有我师焉”。（《论语》）向别人学习，不见得就是比别人差，每个人都存在一些缺点或不足，勇于在自己不擅长、不熟悉的领域向别人学习，正好证明自己对真知、纯善的渴求，这本身就是一种好品德，是诚实的表现。所以犯错误并不可怕，可怕的是犯了错误自己还不知道，更可怕的是明知错了却不肯改正，不敢承认错误，对自己犯下的错误不负责，强词夺理，故意制造更多的错误来掩盖自己的不足，往往泥足深陷。千里之堤，溃于蚁穴，就是在小的错误出现时没有及时设法改正，结果造成无法挽回的损失。

子贡问君子。子曰：“先行其言而后从之。”（《论语·为政》）

今译

子贡问怎样才算是一个君子。孔子说：“对于你要说的话，先实行了，然后再说出来。”

时析

做一个有道德修养、博学多识的君子，这是孔子的弟子们孜孜以求的目标。孔子认为，作为君子，不能只说不做，而应先做后说。只有先做后说，才可以取信于人。

知之为知之，不知为不知，是知也。（《论语·为政》）

今译

知道就是知道，不知道就是不知道，这就是智慧啊！

时析

古人要求做人诚实，从学习方面来说，表现为知道就是知道，不知道就是不知道。而且，这种诚实更是智慧的表现，知道自己有不懂的地方，本身就是一种进步。如果以不知为知，不仅不诚实，而且会影响自己的进步。

对于文化知识和其他社会知识，人们应当虚心学习、刻苦学习，尽可能多地加以掌握。但人的知识再丰富，总有不懂的问题。那么，就应当有实事求是的态度。只有这样，才能学到更多的知识。

祭如在，祭神如神在。子曰："吾不与祭，如不祭。"（《论语·八佾》）

今译

祭祀祖先就像祖先真的在面前，祭祀神就像神真的在面前。孔子说："我如果不亲自参加祭祀，那就和没有举行祭祀一样。"

有其诚则有其神，无其诚则无其神，可不谨乎？吾不与祭如不祭，诚为实，礼为虚也。（《四书集注》）

今译

内心真诚那么神就在心中，不真诚那么就得不到神的保佑，怎么能不谨慎呢？我如果不亲自参加祭祀，那就和没有举行祭祀一样。祭祀时内心真诚是最真实的，礼仪形式都是虚文。

时析

这是门人记孔子祭祀之诚意。孔子并不过多提及鬼神之事，如他说："敬鬼神而远之。"意思是说祭祖先、祭鬼神，就好像祖先、鬼神真在面前一样，并非认为鬼神真的存在，而是强调参加祭祀的人，应当在内心有虔诚的情感。这样看来，孔子主张进行的祭祀活动主要是道德的而不是宗教的。

范氏曰："君子之于言也，不得已而后出之，非言之难，而行之难也。人惟其不行也，是以轻言之。言之如其所行，行之如其所言，则出诸其口必不易矣。"（《论语集注》）

守信

今译

范氏说："君子的言辞，不得已才说出口，不是说话困难，而是实践困难。人如果不用付诸行动，那说话就轻松了。说的要和做的一致，做的要和说的一致，那么从他的口里说出来就不容易了。"

时析

意思是说古人不轻易作出承诺，就是因为怕自己做不到。孔子一贯主张谨言慎行，不轻易允诺，不轻易表态，如果做不到，就会失信于人，你的威信也就降低了。所以孔子说，古人不轻易说话，更不说随心所欲的话，因为他们以不能兑现允诺而感到耻辱。

孔子曰："侍于君子有三愆[①]：言未及之而言谓之躁，言及之而不言谓之隐，未见颜色而言谓之瞽[②]。"（《论语·季氏》）

注释

①愆（qiān）：过失。②瞽（gǔ）：盲人。

今译

孔子说："侍奉在君子旁边，要注意避免犯三种过失：还没有问到他的时候就说话，这是急躁；问到他的时候却不说，这叫隐瞒；不看君子的脸色而贸然说话，这是盲目。"

时析

交朋友要结交那些正直、诚信、见闻广博的人，而不要结交那些逢迎谄媚、花言巧语的人，要用礼乐调节自己，多多地称道别人的好处，与君子交往要注意不急躁、不隐瞒。这些对我们都有一定的参考价值。

君子疾夫舍曰欲之而必为之辞。（《论语·季氏》）

今译

君子痛恨那种不肯实说自己想要那样做，却又一定要找出理由来为之辩解的态度。

时析

这种人大多是外表贪图好名声，而内心贪财好利，是言行不一的虚伪小人。

子曰："巧言、令色、足恭，左丘明耻之，丘亦耻之。匿怨而友其人，左丘明耻之，丘亦耻之。"（《论语·公冶长》）

今译

孔子说："花言巧语，装出好看的脸色，摆出逢迎的姿势，十足的恭敬，左丘明认为这种人可耻，我也认为可耻。把怨恨藏在心里，表面上却装出友好的样子，左丘明认为这种人可耻，我也认为可耻。"

时析

孔子反感"巧言令色"的做法，这在《学而》篇中已经提及。他提倡人们正直、坦率、诚实，不要口是心非、表里不一。这符合孔子培养健康人格的基本要求。这种思想在今天仍有一定的意义，对那些人前一套、人后一套的人，有很强的针对性。

君子耻其言而过其行。（《论语·宪问》）

今译

君子以说得多、做得少为耻辱。

时析

在日常生活中，应该注意使自己的言行一致，如果只是夸夸其谈，而在行动上一事无成，那就会被别人视为"言论上的巨人，行动上的矮子"。

子曰："内省不疚，夫何忧何惧？"（《论语·颜渊》）

今译

孔子说:“扪心自问,没有什么觉得惭愧的,又有什么可忧愁和恐惧的呢?”

时析

自我反省并不觉得羞耻和惭愧,是因为自己所说的话都是真诚的,所做的事都是实在的,这样的人的内心是充实而光明的。面对别人的质疑、困难的考验,完全可以挺直腰板说一句“问心无愧”,因此没有什么能让自己觉得担心和害怕。

子曰:“论笃是与,君子者乎?色庄者乎?”(《论语·先进》)

今译

孔子说:“不能听到人议论笃实诚恳就表示赞许,还应看他到底是真君子呢,还是伪装庄重的人呢?”

时析

孔子希望他的学生们不但要说话笃实诚恳,而且要言行一致。孔子曾有“听其言而观其行”的说法,表明孔子在观察别人的时候,不仅要看他说话时诚恳的态度,而且要看他的行动。言行一致才是真君子。

子曰:“可与言而不与之言,失人;不可与言而与之言,失言。知者不失人,亦不失言。”(《论语·卫灵公》)

今译

孔子说:“可以同他谈的话,却不同他谈,这就会错失人才;不可以同他谈的话,却同他谈,这就是浪费言语。有智慧的人既不错失人才,也不会浪费言语。”

时析

诚实的人该说话的时候仗义执言,不该说话的时候也绝不空谈。

子曰："乡愿，德之贼也。"（《论语·阳货》）

今译

孔子说："不分是非的老好人，实际是道德原则的破坏者。"

时析

乡愿这个词含义丰富，孔子所谓乡愿大概是指伪君子，指那些看似忠厚实际没有一点道德原则，似德而非德，只知道媚俗趋时的人。孔子判断一个人的德行不是以众人的好恶为依据，而是以善恶为标准，大是大非的原则问题是万万不可妥协的。乡愿所指的伪君子定然是众人所唾弃的，所以俗语有伪君子比真小人更可怕，可见人们对这种乡愿的普遍厌恶。

言不顾行，行不顾言……阉然媚于世也者，是乡愿也。（《孟子·尽心下》）

今译

说的不顾忌做的，做的不顾忌说的，像被阉割的人那样活在世上献媚邀宠的人就是乡愿。

时析

孟子所言的乡愿大约是说言行不一，当面一套、背后一套、四方讨好、八面玲珑的人。这种人随波逐流，趋炎媚俗，而更多的是指道德败坏的小人。君子对不同意见表示理解，所以并不强迫别人要和自己的意见一致，也不会没有原则地附和。相信可相信的，怀疑可怀疑的，这都是诚实；而小人、乡愿面对不同观点，常常会虚伪地迎合，而实际上可能根本就不了解对方的意图。

君子约言，小人先言。（《礼记·坊记》）

今译

一个君子往往不先说话，而是先干实事；而小人却先说些大话，不一定干出实事来。

时析

诚实守信不仅仅是说出来，然后去履行。还有一种诚信，讲的承诺是对自己的内心做的，并没有说出口，即使没人知道，他仍然会忠实于自己的承诺。例如季札挂剑，不肯自欺于心，说的就是这个道理。

子曰："言有物而行有格也，是以生则不可夺志，死则不可夺名。"（《礼记·缁衣》）

今译

孔子说："说话实实在在，行为循规蹈矩，所以活着的时候志向坚定不移，死了以后也不会影响他的好名声。"

时析

说话做事实实在在的人，是以天道为依据，就是以诚信为立身之本，所以不为威武所屈，不为贫贱所移，经得起考验。

可言也，不可行，君子弗言也。（《礼记·缁衣》）

今译

可以说出来，但是做不到的，君子就不说。

时析

有些话说出来大家都知道只是场面话，并不会当真，但真正的君子是不会因此虚应做事的，但言为心声，别人不当真，那自己呢？如果明知不会实现却说出口，就是心口不一，就是虚伪。

言从而行之，则言不可饰也；行从而言之，则行不可饰也。故君子寡言而行，以成其信，则民不得大其美而小其恶。（《礼记·缁衣》）

今译

说了一定又接着去实行，那么说出的话就不可掩饰；君子做事，必定又顺着这事去说话，那么做出的事就不能掩饰。所以君子不多说话，而是用行动来成就自己的诚信，那么民众就不能夸大他的优点而减小他的缺点。

时析

信字从言，但儒家反对以言语获信，因为如果没有自身的诚，外在的信也是不可靠的。君子一言既出，驷马难追。事先想到这一点，至少可以提醒自己，说话要谨慎小心，尤其是事关重大、负有责任、身居要职，更应该考虑到言论的后果。一旦说出了话，就必须体现在行动上，这是做人的起码的准则和诚信的表现。这就是为什么君子“讷于言”的原因。以做人讲不讲原则作为标准，确实可以把人分为君子和小人。君子和小人的分别，不在于出身、权力、地位、财富等等，这些都是外在的、非决定性的因素。从一个人说话做事中完全可以觉察出他是哪一类人。不管他给自己贴上多少个标签，言语和行动便是检验其人格品行的试金石。他为人坦荡光明，就像日月经天，缺点和优点都不去掩饰，那么任何的谣言、诽谤、猜忌对他都不起作用。

情欲信，辞欲巧。（《礼记·表记》）

今译

情理要真诚确实；言辞要妥善得体。

时析

一个人的外貌与言辞要表现真实情感，文采多于朴实就会虚浮，朴实多于文采未免粗野。真诚的情怀，用精巧而有魅力的语言来表达，就是文质合度。“文质彬彬”，从做人的角度说，指的是“君子”的言行。

谨于言而慎于行。（《礼记·缁衣》）

今译

说话要严谨,行动要慎重。

时析

这句话告诫人们,一个有修养、有道德的人应该对自己的言行负责。因此,在“言”“行”之前都要深思熟虑,切不可凭一时冲动而鲁莽行事。

守信

所谓诚其意者:毋自欺也,如恶恶臭,如好好色,此之谓自谦,故君子必慎其独也!小人闲居为不善,无所不至,见君子而后厌然,揜①其不善,而著其善。人之视己,如见其肺肝然,则何益矣。此谓诚于中,形于外,故君子必慎其独也。(《礼记·大学》)

注释

①揜(yǎn):通“掩”。遮蔽、掩藏的意思。

今译

所谓使自己的意念真诚,就是说不要自己欺骗自己。要像憎恶腐臭的气味一样,要像爱好美好的容貌一样,这叫做自求快意的满足。所以君子在独处的时候也一定小心谨慎。小人在独处的时候做坏事,没有什么做不出的。见到君子后躲躲藏藏,掩饰自己的缺点,炫耀自己的优点。其实别人看他就像看透他的肺腑一样清楚,这种隐恶扬善的做法又有什么好处呢?这就是说,内心是什么样的德性,必定会表现为相应的言行。所以君子在独处的时候也一定要小心谨慎。曾子说:“许多双眼睛注视着他,许多只手指点着他,多么严厉可怕啊!”财富可以装饰房屋,道德可以修养人身,心胸宽广才能身体安舒,因此,君子必须使自己意念真诚。

时析

想要“诚意”就必须在“慎独”上下工夫,时时约束自己的言行。所谓“诚意”,就是要不自欺,要慎独。在与别人相处时是这样,在独处时也应该是这样;内心如此,表现于外更是如此。慎独是一种主观的道德修养方法,要注重道德理想和动机的培养。对“道”的遵守最薄弱的环节正是独处的时候,这时唯有强大的内在力量才能摒弃混乱、无度的杂念,维持君子之风。儒家要求修身者“慎其独”,正是抓住了修身的难点和施力点。

昔者有馈生鱼于郑子产,子产使校人畜之池。校人烹之,反命曰:“始舍之,圉圉[①]焉;少则洋洋焉;攸然而逝。”子产曰:“得其所哉!得其所哉!”校人出,曰:“孰谓子产智?予既烹而食之,曰,得其所哉,得其所哉。”故君子可欺以其方,难罔[②]以非其道。(《孟子·万章上》)

注释

①圉(yǔ):监禁。这里形容鱼被关起来后困顿的样子。②罔(wǎng):本义是渔猎用的网。此处是迷惑、失意的意思。通“惘”。

今译

从前有人向郑国子产赠送活鱼,子产命主管池塘的人把鱼养在池中,那人把鱼做熟吃了,回来说:“那些鱼刚开始关起来,看起来很疲累,不过一会儿就摆着尾巴活动起来,很快就不知去向了。”子产说:“算是找到了应该去的地方,找到了应该去的地方啊!”那人出来就说:“谁说子产有智慧?我已经把鱼做熟吃掉了,他还说:‘找到了应该去的地方,找到了应该去的地方啊。’”所以,对君子可以用恰当合乎人情的方法来欺骗他,但却很难用违反道理的诡诈来迷惑他。

时析

小人一时得志,那是常有的事。善良的人们常常被小人欺骗,而这些小人却总是因此沾沾自喜。但小人终究是会让人看低的。俗语说:“日久见人心”“公道自在人心”。鱼对人来说就是一种食物,吃到肚子里充饥就是它的归宿,可谓得其所哉。可看管池塘的人还自以为是地洋洋自得,作为仆人他已经丧失了职业道德。诚实守信的职业道德,就是要树立“诚信为本”的理念，诚实做人，诚信工作，忠诚自己的职业，信守自己的承诺，对自己的工作、对自己的服务对象负责。只有这样，才能在自己的工作岗位上有所作为，才能获得他人和社会的尊重。

且古之君子，过则改之；今之君子，过则顺之。古之君子，其过也，如日月之食，民皆见之；及其更也，民皆仰之。今之君子，岂徒顺之，又从为之辞。（《孟子·公孙丑下》）

今译

古代的君子，有了过错，随即改正；今天的君子，有了过错，竟将错就错。古代的君子，他的过错，就像日食、月食一般，老百姓个个都看得到；等他改正的时候，人民都抬起头仰望着。今天的君子，不但将错就错，还要为自己所犯的过错编造理由。

时析

管叔、象都是圣人的兄弟，却都违背君臣、兄弟间的道义，这是圣人的不幸。孟子用舜与象、周公与管叔的关系来说明即使是圣人也会犯错，特别是关系到亲朋好友的时候，诚信面对亲情的考验时，就需要按照自己的本心去做，即使为了顾及人情而不得已伤害道德，只要勇于承担责任，就仍然不失为诚信君子。那些偶像明星、政府官员、企业领导就像古代的君子，他们的一言一行影响着许多人，更应当有则改之，无则加勉。诚实面对犯下的过错，勇于改正，这才是真诚之人应当采取的态度。

不足于行者，说过；不足于信者，诚言。（《荀子·大略》）

今译

行为不实在的人，说话一定夸夸其谈；不诚实守信的人，往往装成诚恳的样子来说话。

时析

诚信对为人处世很重要，但如果说了做不到，反而假装出诚实守信的样子，过分地抬高自己，想以高姿态来掩饰，以图蒙混过关，达到个人的目的，这种行为具有更隐蔽的欺骗性，是更为严重的虚伪、欺骗，对诚信的危害也更大。相比之下，诚实可靠的君子反而常常是话不多，只是一心做事的样子，对就是对，错就是错，不会为自己找各种借口。

庸言必信之，庸行必慎之。（《荀子·不苟》）

今译

平常的言语一定要守信用，平常的行为一定要谨慎。

时析

真正的诚信不是一两件事就能培养出来的，需要从日常琐碎的小事做起，在这些事情上更能体现一个人的真实品德。这就是“路遥知马力，日久见人心”所道出的道理。

言行不类，终始相悖，外内不合，虽有假节见行，曰非成质者也。（《逸周书·官人第五十八》）

今译

言行不一致，始终相违背，表里不相合，即使有显著的行为，如果动机不纯，也不是一个诚实者。

时析

判断一个人是否诚信主要是从言行来看，说了就要做，做的要与说的一致，否则就是阳奉阴违，说一套，做一套，以不正当的方式达到目的，也算不上诚信之人。现在许多人都认为，作出承诺，只要最终结果一致，过程可以不论，这样的行为也许是守信，但阴谋诡计夹杂着欺诈、虚假，根本算不上是诚实。

辞不至，少其所不足，谋而不已，曰伪诈者也。言行亟变，从容克易，好恶无常，行身不笃，曰无诚者也。（《逸周书·官人第五十八》）

今译

言辞不到位，遮掩自己的不足，而谋事不息，叫做伪诈者。言行多变，行为交错，好恶无常，做事不实，叫做无诚者。

时析

说出去的话，如果能力不足，尽心尽力之后仍不能实现，不得已而放弃也无可厚非，但若是不肯承认错误，因此反复无常、文过饰非，对自己的错误多方掩盖，不但是失信于人，对自己也是不诚实。那种伪诚实就是伪诈，不顾自己“诚实”可能带来的后果，一味显示自己的“诚实”，并借此嘲笑他人的不诚实或虚伪。如某些人说“我承认我很贪财”，并借此嘲笑某些人不贪财的“虚伪”。这确实是他的心里话，但这种心里话对别人造成了不良影响，这种“诚实”就是伪诚实，伪诚实追求“诚实”，却不知道像这样的“诚实”并不是“善”的。伪诚实的危害很大。首先，它以一种“诚实”的方式表示出来，使人们把它理解为“诚实”的代言人，误读了“诚实”，从而跟随伪诚实者走向伪诚实。其次，伪诚实者自以为自己很“诚实”，在这种“诚实”的掩护下，就可以肆无忌惮地说出自己的欲望，甚至是一些不良思想，一步步走向“诚实”的对立面。

言之所以为言者，信也。言而不信，何以为言？（《谷梁传·僖公二十二年》）

今译

言语之所以是言语，是因为它真实可信。言语不真实可信，还叫言语吗？

时析

说话算数、遵守诺言是诚信的表现。言而有信，则是言之有物；言而无信，等于言之无物，这样的言语没有丝毫意义，说了等于没说，所以就称不上是言语。

可言而不信，宁无言也。君子终日言，不在尤之中；小人一言，终身为罪。（《大戴礼记·曾子立事》）

今译

言语上认可却不遵守信用，还不如没有说。君子整天说话，但不会处在反悔中；小人说一句，终身都可能处在罪责中。

时析

诚实的君子说到做到，所以说出去的话就不会后悔，做不到的就不去承诺，一旦许诺于人，即使是一丝一毫的小事，也一定要有结果，哪怕遇到生命的考验，也宁愿舍生守信而不后悔。无信的小人，要么因为对自己没有好处而不去做，要么因为遇到困难就半途而废，所以对说出去的话常常会反悔。

君子直言直行，不宛言而取富，不屈行而取位。（《大戴礼记·曾子制言中》）

今译

君子说话坦率，做事公允，不以花言巧语去谋取财富，不屈节做事而谋取地位。

时析

君子的入仕是一个独立自主的选择过程，“良禽择木而栖”，是君子选择君王的原则。君王仁义，则仕；君王不仁不义，则隐。不委屈自己以求官位、富贵，这就是“不为五斗米折腰”，不为名利而丧失良知。所以君子通过正直的行为来得到报酬，按照志同道合的标准来找朋友。有喜欢我的，那当然高兴；没有人喜欢，只要我自己高兴就行。不为贫穷感到痛苦，不为官小位卑不满，不对缺乏了解感到害怕。别人了解我，我不沾沾自喜；别人不了解我，我不痛苦伤心。因此，君子每天说话和行动都正直、实在，以仁德为追求目标。

正身直行，众邪自息。（《淮南子·缪称训》）

今译

为人纯正，行动坦直，所有邪恶的行为就自然会止息。

时析

正直坦率之人，忠诚老实，内心刚强端正，自然不为邪魔歪道所侵。

儒有居处齐难，其起坐恭敬，言必诚信，行必忠正，道涂不争险易之利，冬夏不争阴阳之和；爱其死以有待也，养其身以有为也，其备豫有如此者儒。（《孔子家语·儒行解第五》）

今译

有的儒者平时一举一动都严肃庄重，一般人难以做到。他们坐立时恭恭敬敬，说话时诚实守信，行为忠贞正派，走路不争平坦易行的地方，冬天不争暖和的地方，夏天不争凉快的地方，爱惜生命以等待时机到来，保养身体以准备有所作为，做事就像这样预先加以准备的就是儒者。

时析

儒家学者提倡在日常的言谈举止中提高自己的品德，塑造自己严谨、刚正的儒者形象。表明这种行为方式或者说是生活态度，与儒家思想是一致的。所以诚信就不仅仅是一种个人要遵守的道德原则，更是结合儒家思想学说和生活实践的一条纽带。只有这样，诚信才不会狭隘地局限于某些特殊的时间和场合，而是达到生活与生命和谐统一的境界。

君子以行言,小人以舌言。(《孔子家语·颜回第十八》)

今译

君子用行动来说话,小人则光说不做。

时析

君子守信用,说了就要做,以行动来履行诺言;小人不守信用,光要嘴皮,只好用花言巧语来搪塞诺言。

巧伪不如拙诚。(《颜氏家训·名实》)

今译

精巧的虚伪不如笨拙的真诚。

时析

真诚,最接近简单质朴的本来面目。不管是多么巧妙的谎言,终有被揭穿的一天;而不管是多么笨拙的真诚,也会长久地打动人心。就像有些早期艺术品、文学作品,语言、修辞、包装没有今天的华丽,但其中饱含的真情实感却始终能打动一代代的观赏者,成为永恒的经典。

一伪丧百诚。(《颜氏家训·名实》)

今译

一次弄虚作假,就会失掉你的全部真诚。

时析

诚实是一种美德。人生在世,贵在表里如一,切忌弄虚作假。是珠玉终会显出光彩,是狐狸终会露出尾巴。任何自作聪明的人,终会弄巧成拙。世上有些人,在清白的名声树立之后,就聚敛钱财;在信誉建立之后,就不再信守诺言。人的虚实、真伪本于内心,会从他的形迹中显露出来。王莽也有谦虚恭敬、礼贤下士的时候,曾一再辞谢大司马的任命,后来却篡汉自建新朝。他们都自以为做得机巧缜密,但最终野心和虚伪还是暴露无遗。

因为一件事情作假而使得以前做的一百件诚实的事情也失去别人的信任，就是因为缺乏坚定的意志，又贪求名利不知满足。

海岳尚可倾，口诺终不移。（《李太白全集·酬崔五郎中》）

今译

大海可以干枯，山岳可以倒塌，许下的诺言始终不可改变。

时析

把诚信看得高于一切，这是因为对自己的品德十分珍视，不受威逼利诱。例如汉代有季布一诺、千金难买的美谈。

快马一鞭，快人一言。（《景德传灯录·卷六·道明禅师》）

今译

爽快人一句话说出，就像被鞭打的快马向前奔跑而难以回头。

时析

这既说明说出的话，就像泼出去的水是收不回来的，也是在说作出的承诺，就应当快马加鞭，尽快付诸行动，去实现自己的诺言。

廉者憎贪，信者疾伪。（《新唐书·陈子昂传》）

今译

清廉的人憎恨贪婪，诚实的人厌恶虚伪。

时析

做官从政要清廉、诚实。贪利固然是贪，贪图名声、沽名钓誉也是贪。真正廉洁、诚信的人以民为本，不计较个人得失，所以能得到百姓的信赖，执政也就更有威信。

不信之言，不诚之令，君子弗为也。（《新唐书·魏徵传》）

今译

对于那些不算数的话，不诚实的命令，君子是不去做的。

时析

君子为人处世就是以诚信为本，对不诚信的人和事都是坚决反对的，为此不惜生命，这样的死亡，是死于大义，重于泰山。

天不言而信，神不怒而威。诚故信，无私故威。（《张载集·正蒙·天道》）

今译

天不说话自然就有信用，神不发怒自然就有威严，因为真诚，就会被信任，因为无私，就会产生威严。

时析

信用、威严的建立，在于真诚、无私。真诚的付出就是无私，有信用自然也会有威严，这几方面其实是相辅相成的。

君子之修身也，内正其心，外正其容而已。（《欧阳修全集·居士外集·辨左氏》）

今译

君子修身养性，不过是向内端正思想，向外端正仪表容貌罢了。

时析

欧阳修指出君子要表里一致，思想要与行为相统一。

欲寡则心自诚。（《二程集·元丰己未》）

今译

私欲寡少则心性自然真诚。

时析

孟子说“养心莫善于寡欲”，荀子又说“养心莫善于诚”。人之所以不能诚实守信，主要是因为私欲太多，欲望一多，需索就多，要求的也多，为了得到那些东西，就得花很多时间、金钱、劳力才能得到，但如果还是得不到呢，本来急迫的心就更浮动了。如果真能“存天理，灭人欲”，内心自然就会变得澄明、真实。

敬是不放肆底意思，诚是不欺妄底意思。（《朱子语类·仁义礼智等名义》）

今译

敬是不肆意放纵的意思，诚是不虚假欺骗的意思。

时析

东汉名臣杨震在赴任东莱郡太守的途中，经过昌邑县。昌邑县令王密是他过去推荐的秀才，王密深夜带十斤黄金私赠给杨震。杨震说：“老朋友了解你，你却不了解老朋友，这是为什么呢?”王密说：“现在是深夜，没有人知道。”杨震回答说：“天知，神知，你知，我知，怎么说没有人知道呢?”王密听了这番话，很羞愧地走了。在任何情况下人都不应有欺妄之心，最高境界就是儒家所要求的“慎独”。

一诚足以消万伪，一敬足以敌千邪，所谓先立乎其大者，莫切于此。（《明儒学案·诸儒学案》）

今译

一个诚实的行为足以消解千万种虚伪，一个诚敬的心念足以抵消千万种邪念，所谓必须先确立最重要的，没有比这个更急切的了。

时析

诚信是人“近德向善”的追求，是人的自我身心的统一。诚信是建立在良心之上的。诚信是对善的坚定信念和真实情感，将人性引向“诚信之德”。人是善良的，他就必然是诚信的。因此，诚信体现了人的心灵、理性、情感、意志的内在合一，自我身心内外的统一。诚信归根到底是对人性价值的认知和肯定。

宁直见伐，无为曲全。（《梦泽集·拟矫志篇》）

今译

宁可刚正不阿而遭杀戮，不卑躬屈节以求全。

时析

明人王廷陈在此文中凝练地概括出，如果面对威胁、利诱委曲求全，不能真诚勇敢地面对困难，那就失去了良知，这样生存于世的只剩下没有灵魂的躯壳。

凡出言，信为先，诈与妄，奚可焉。（《弟子规·信》）

今译

说话办事，信诚在先，欺骗与胡说，那怎么可以呢？

时析

人之所以会欺诈、胡说，大多是经受不住利益的诱惑，为满足私欲而不顾诚信。只有真正品德高尚、严于律己的人才会始终以完善自我修养为最大追求，把诚信摆在前面，不贪图身外之物，他们总是能够尽全力帮助别人，结果自己反而更加丰富和充实。

诚者信也

轻诺必寡信。(《老子》第六十三章)

今译

轻易就应许的诺言,必定很少能守信。

时析

承诺的事情就必须做到,所以在许诺之前就需要认真地斟酌一番,看以自己的能力能否说到做到。可见承诺必须慎重,不能轻易就许下无法实现的诺言,这不仅是不自量力,也是对别人不尊重的表现,是违背诚信原则的。现在这种缺乏诚信的行为更为严重,特别是一些部门的官员盲目制定各种目标、规划,大开空头支票,缺乏调查研究,不能从实际出发,缺少求真务实的精神,给国家带来了巨大损失。

信言不美,美言不信。(《老子》第八十一章)

今译

诚实的话语则不华丽,华丽的话语则不诚实。

时析

诚实守信之人不会阿谀奉承,也不会甜言蜜语、文过饰非。他们的言辞质朴无华,没有任何夸大其词,实事求是,这在许多人看来是枯燥乏味,缺乏"娱乐性"。这也就是我们通常所说的"忠言逆耳利于行,良药苦口利于病"。只是今天像这样的忠言、信言已经很少有人愿意去说,也很少有人愿意去听了。充斥眼前、耳中的是各种奇谈怪论,一些媒体的报道往往追求新奇,而不重视诚信,因此媒体中、网络上虚假新闻消息时有发生,像"纸箱做包子""华南虎"这样的报道已经严重损害了人们对新闻媒体的信任,甚至影响世界对中国人诚信度的评估。在商品售销中通过虚假广告、虚报业绩来牟取利益的事件也是屡见不鲜，甚至本应以严谨、求真求实为基本要求的学术界，也出现了大量伪造或抄袭数据、论文成果沽名钓誉的行为。所有这些都告诉我们“美言”都不可轻易相信，同时也暴露出当前社会“诚信”危机的严重程度。树立其良好的诚信形象，才有利于政府、企业、媒体、学术研究单位等各行各业的长久利益，才会符合可持续发展的规律。

子曰：“弟子入则孝，出则悌，谨而信，泛爱众，而亲仁。行有余力，则以学文。”（《论语·学而》）

今译

孔子说：“弟子们在父母跟前，要孝顺父母；出门在外，要敬爱兄弟，言行要谨慎，要诚实可信，要广泛地去爱众人，亲近那些有仁德的人。这样躬行实践之后，还有余力的话，就再去学习文献。”

时析

孔子要求弟子们首先要致力于孝悌、谨慎、爱众、亲仁，培养良好的道德观念和道德行为，如果还有闲暇时间和余力，则用以学习古代典籍，增长文化知识。这表明，孔子办教育，把培养学生的道德品性放在第一位，而文化知识的学习只是第二位的。事实上，历史上的各类教育主要是为政治服务。因此尤其重视学生的道德品行和政治表现。朱熹进一步明确地指出，孔子所说的信就是说话要实在，行事要谨慎，自己所说的话名副其实，言与行保持一致。

小信成则大信立。（《韩非子·外储说》）

今译

小信用能够兑现，大的信用才能建立。

时析

有些人认为小的谎可以撒，是无伤大雅的，只要不撒大谎就好。关键在于小谎说多了，又拿什么来建立自己的信用呢？诚信不是一蹴而就建立的，是通过一件件小事的信用积累起来的。小信用破产，彼此互信的基础没了，大的承诺人家就更不相信了。

信信，信也；疑疑，亦信也。（《荀子·非十二子》）

今译

信从可信的，是信实；怀疑可疑的，也是信实。

时析

人情、人事都是有真有假，所以对就是对，错就是错，实事求是，这就是诚信。那种迂腐的诚信往往是为了顾全所谓的人情、面子，丧失原则，对一切都不加怀疑，表面看来似乎纯真、直爽，实际上却混淆了是非、颠倒了黑白。

忠，德之正也；信，德之固也；卑让，德之基也。（《左传·文公元年》）

今译

忠诚，是对德行的端正；诚信，是对德行的加固；谦让，是对德行的奠基。

时析

谦卑忍让，则是良好品德的开始，忠诚使其端正，诚信则能增进别人的信赖，使他们对有品德的人更有信心，心怀敬仰，从而坚定向善的决心。

董狐，古之良史也，书法不隐。（《左传·宣公二年》）

今译

董狐，是古时候的好史官，记叙历史一点也不隐瞒。

时析

秉笔直书、书法不隐是古人对史家和史学著作的最高评语了，反映其人其书诚实可信的史德。晋国大臣赵盾因晋灵公残暴而出逃，未出边境就听说赵穿杀死了晋灵公，赵盾听到这件事后，就返回晋国继续执政。史官董狐记载："赵盾弑其君。"并宣示于朝臣，以示笔伐。赵盾辩解，说是赵穿所杀，不是他的罪。董狐申明理由说，作为执政大臣，在逃亡未过国境时，原有的君臣之义就没有断绝，回到朝中，就应当组织人马讨伐乱臣，不讨伐就未尽到职责，因此"弑君"之名应由他承担，这是按写史之"书法"决定的。对此，孔子大加赞扬，称董狐为"古之良史"，推崇"实录"精神，重在强调史家的记事原则和直书精神。这是因为在礼崩乐坏的春秋时期，权臣掌握国命，有着生杀予夺的大权，以礼义为判断是非标准的书法原则，早已失去了它的威严，坚持这一原则，而往往会招来杀身之祸。例如《左传·襄公二十五年》齐太史直书"崔杼弑其君"，为崔杼所杀，他的两个弟弟照样直书，均被杀。三弟继任后仍旧秉笔直书，并且别国史官听说此事后赶来齐国要继续依次写史，最终崔杼不得已放弃。董狐之直笔，自然也是冒着风险的，因此，孔子赞扬他，正是表彰其坚持诚信原则的刚直精神。作为一个良好的史官，忠诚于自己的事业，不畏强权，需要有莫大的勇气、责任感和策略。当今社会中，有些新闻报道往往缺乏这种精神，一个揭露真相的新闻报道往往会因为各种关系、利益的调和而变得面目全非，失去惩恶扬善、主持社会正义的价值。

信，诚也。（《说文解字·言部》）

今译

信，就是诚实。

时析

"信"是个会意字，人言为信，诚与信的意思是相通的。"信"的含义有二，一是信任，二是信用。其内容是诚实不欺，用来处理上下等级和朋友之间的关系，信特别与言论有关，表示说真话，说话算数。“信”不仅与“仁、义、礼、智”并列为儒家道德的基本范畴，诚实和信用也往往被作为区分善恶的分水岭，是支撑社会的道德支点。当代社会对于和谐目标的追求，使得“信”易为国人所接受。一个和谐的社会，人与人在相互接触中应该诚实守信、言行一致；人在与社会接触中应尊重他人的劳动成果，不欺骗他人。良好的信用关系有助于形成良好的社会风气，增强社会的凝聚力和向心力，构建健康、稳定、协调、有序的社会结构。法治的执行需要“诚信”，“正义”的实现需要“诚信”，市场的正常运转需要“诚信”。儒家“五常”中的“信”，教育人们诚实守信，其对现代社会的适用性，已得到了当代人们的肯定。作为个人的内在德性的“诚”，也就是诚实，这种诚实在人与人的交往中体现；信则是个人对他人产生的信任。古往今来，诚实和信用一直都是人与人交往的过程中所要遵循的基本道德规范。

诚，信也。（《说文解字·言部》）

今译

诚，就是守信。

时析

诚，是个形声字。诚与信的本义是相通的，两个字都有说出的话得到实行的意思。所以“诚”即“信”，“信”即“诚”，“诚”与“信”并没有本质的区别。“诚”字从字面上来理解可以说是指人言必成，言成即是履行了诚实守信的道德原则和规范。从一定意义上，信就是诚，诚就是信，二者是相通的，基本内涵都是真实无欺。无论说话还是做事，都是诚实可信的。读好书在于专心，做好事情在于专心，学好本领也在于专心。我们常说，只有专心致志、一心一意，才能做好每一件事情。古时有一个很会下棋的人，人称弈秋。有一次，他正在教两个学生下棋，其中一个学生专心地研究棋的走向，另一个学生却一心只想着在天空中飞翔的天鹅，而无心学习。最终，当然是无心学习者败给了有心者。这是一个永恒不变的规律。肯专心投入研究的人,一定会有好的收获;相反的,如果无心学习,也将一无所有。

信者,诚也,专一不移也。(《白虎通·情性·论五性六情》)

今译

信,就是诚实,专心一意不改变。

时析

传统的中国社会是一种熟人社会。人们祖祖辈辈生活在固定的土地上,血缘家庭关系——父子、夫妇、长幼以及由此类关系衍生出来的上下级、朋友关系,构成了最基本的社会关系。因此,诞生于这种恒常关系中的诚信,是相对可靠的。在古代社会,诚信的主要依据是情感。这种出于情感的诚信往往是非常主观的。人们容易对那些自己喜欢、感激、爱戴、尊敬的人做出承诺。在他们心目中,有这样一种信任机制:我了解他,我信任他。两千多年的中国农耕社会,人们依赖于土地而生存,社会生活被限制在了一个狭小的空间之中,造就了中国社会的诚信理念。随着历史的推移和时代的演进,仍处于百分之七十以上农业人口的中国社会,诚信的理念并没有得到多少改变,人们仍然信守着古老的熟人社会关系。在开放的现代社会中生活,有熟人好办事,依然是当今社会大多数人的看法。熟人是可靠的、可信赖的,而陌生人则缺少这种可靠性。然而,在现代的开放型社会中,人际交往的范围已经不再仅仅局限于熟人之间,更多的是,人们随时都可能与陌生人打交道。人际交往的扩大,需要与之相适应的现代型诚信。

或问“信”。曰:“不食其言。”(《法言·重黎》)

今译

有人问“信”。回答说:“就是不会反悔说过的话。”

时析

所谓信,就是对自己说过的话不反悔,不违背和忘记自己的诺言,一定要信守承诺,说到做到,言行一致。这说起来似乎很简单,但要贯彻起来,就不仅要有坚定的信念,还要有实践诺言的能力,离不开日常的学习知识、积累经验。要做到恪守诚信,就要对自己讲的话承担责任和义务,言必有信,一诺千金。答应他人的事,一定要做到。同他人约定见面,一定要准时赴约。上学或参加各种活动,一定要准时赶到。要知道,许诺是非常慎重的行为,对不应办或办不到的事情,不能轻易许诺,一旦许诺,就要努力兑现。如果我们失信于人,就等于贬低了自己。如果我们在履行诺言过程中情况有变,以至无法兑现自己的诺言,就要向对方如实说明情况并表示歉意。这与言而无信是完全不同的两件事。

不诚者失信。(《诸葛亮集·便宜十六策·阴察》)

今译

不诚实的人会失去别人的信赖。

时析

诚实重在守信。信誉是为人的根本,失掉信誉,做人的良好形象也就失去了,更严重的是在工作和社会交往中都将面临别人的质疑。

推之以诚,则不言而信。(《中说·周公》)

今译

本着诚的原则去施行,那么即使不说话别人也信任。

时析

忠诚于自己的内心,即使没有说出口,依然还会履行承诺,同样也会取得别人的信任。所以,不言而信,这才是真正的诚。

人之所助在信，信之所本在诚。（《新唐书·陆贽传》）

今译

人所应当去助长的是信，信的本质在于诚。

时析

为人处世要讲求信用，而守信的本质就是要真诚。

圣，诚而已矣。（《通书·诚下第二》）

今译

做圣人，达到诚就足够了。

时析

圣人之所以为圣，不过是完全领会了“诚”。一般人通过学习天道和人道就能达到诚的境界，所以，以做一个圣人为目标并非是遥不可及。

若诚实充于内，物无不信，岂用饰外以求比乎。（《伊川易传·比》）

今译

内心实实在在地充满真诚，就没有不相信的，哪里需要用外表上的装饰来亲近呢？

时析

外在的装饰只是表象，并不重要，重要的是人的内心，真诚的交往才能拉近人与人之间的距离。

夫欲上下之信，惟至诚而已。苟尽其至诚，则何患乎其无助也？（《伊川易传·豫》）

今译

要使所有人都守信，只有通过推行至诚之道才能做到。一旦达到了至诚，哪里还用担心得不到帮助呢？

时析

要建设一个诚信的社会，只有在达到了至诚境界的圣人领导下才能实现，因为只有至诚的人才能得到所有人的信赖。至诚不只是个人的修养，还要求在领悟到天道与人道的统一之后才能够造福于社会。

信者，无伪而已。（《二程遗书·邹德久录》）

今译

所谓“信”，就是不作假的意思。

时析

既不说假话，亦不做假事；既不自欺，亦不欺人。一切言行皆以诚实为本，排除一切虚伪、虚假。今天的假药、假酒、假奶粉、假文凭等对社会诚信造成的危害巨大。但为什么这种作假的行为屡禁不止，且有愈演愈烈之势呢？不外乎一个利字，是因为对这些作假行为的惩罚不够，衡量作假所要付出的微小代价与作假将会获得的巨大利益后，被贪欲蒙蔽了理智的人就会无视对他人、对社会的伤害而铤而走险，以欺诈来满足私欲。

学贵信，信在诚。诚则信矣，信则诚矣。不信不立，不诚不行。（《二程遗书·畅潜道录》）

今译

治学贵在信，要信须心诚。诚实就会守信，守信就是诚实。不守信，说的话就站不住脚，不真诚，说的话就不可能行之久远。

时析

诚实可靠的人言行一致，说话算数，值得信赖。而守信的人，就是以行动证明了自己诚实的品德。在学习中，就是要对善德、善行心悦诚服，以此修身进德。诚实与守信虽然是两个方面，但在本质上是统一的。

信,约信也。义者,事之宜也。复,践言也。(《论语集注》)

今译

信,就是约定守信;义,就是事物发展最适合的;复,就是履行诺言。

时析

这是说明信的本质就是一种承诺的兑现。但兑现承诺要有一些前提条件。首先,这种承诺要符合事物的发展规律;其次,这种承诺要有兑现的可能。也就是说,作出承诺、履行承诺都要符合道义,否则就有可能出现助纣为虐的情况,为自己的诺言,伤害到大多数人的利益。为了避免出现这种困境,就有必要在承诺之前认真考虑一下自己的言行是否是义之所在。要守信就必须先知义,要知义就要通过学习来提高对道德是非的分辨力和判断能力,懂得什么是义。

诚则是人,伪则是禽兽。(《黄宗羲全集·孟子师说》)

今译

能做到诚信就是人,虚伪的就是禽兽。

时析

只有人具有诚信美德,而禽兽则是不讲诚信的,为了生存相互间争夺食物、生存空间的斗争是发自本能的。诚信是人和动物的区别之一。如果人只求物质私欲而不讲诚信,就是一种丧失人性的禽兽行为。

诚信修身

默而成之，不言而信，存乎德行。（《周易·系辞上》）

今译

默默而能成就的，不言就能令人信服的，就在于德行。

时析

“默而成之，不言而信”原是先秦思想家对“天”德的称赞。天不会说话，所以只能是默默地不说话的样子，但它能通过“诚”和“信”这些德行被人们感知到它的存在和运行规律。天地运行、四时更替这些自然界的“不言”之信，因为有“诚”这种美德，所以被人们感知到它们的存在，学习它们的运行规律，贯彻到人和事中。“天之道”与“人之道”通过“诚”这种美德连在一起，人就可以从“诚”当中领会“天人合一”的道理了。天的这种德性，就像《老子》中所说的“生而不有，为而不恃，长而不宰”，虽然自己没有去宣传，但又有谁能否认天的功德呢？

子夏曰：“贤贤易色；事父母，能竭其力；事君，能致其身；与朋友交，言而有信。虽曰未学，吾必谓之学矣。”（《论语·学而》）

今译

子夏说：“对妻子能够看重其贤德而不以女色为重；侍奉父母，能够竭尽全力；服侍君主，能够献出自己的生命；同朋友交往，说话诚实，恪守信用。这样的人，尽管说没有学习过，我一定说他已经学习过了。”

时析

教育重在德行是儒家的基本特点，一个人有没有学问，他的学问的好坏，主要不是看他的文化知识，而是要看他能不能实行“孝”“忠”“信”等传统伦理道德。只要做到了这几点，即使他说自己没有学习过，但他已经是有道德修养的人了。所以人道学习天道，首先是要掌握事物的规律，但最终目的是从这些规律中体会天的德行，教育学习的终极目的是在德行上与天一致，人伦道德是天德的显现，因此人必须竭尽全力去学习、修养人伦道德。今天的教育把传授知识、技术放在首位，实际是以培养技术型人才为目的，而忽略了道德教化，不利于人的全面发展。因此，只有提倡人文素质教育，通过对人文经典的研读，才能塑造新时期的理想人格，避免人的异化。

曾子曰："吾日三省吾身：为人谋而不忠乎？与朋友交而不信乎？传不习乎？"（《论语·学而》）

今译

曾子说："我每天多次反省自己：替人家谋虑是否尽心竭力了？和朋友交往是否做到诚实可信了？老师传授给我的学业是不是复习了？"

时析

这是一个人立身处世的基石。儒家十分重视个人的道德修养，以求塑造成理想人格。而我们所讲的自省，则是自我修养的基本方法。在春秋时期，社会变化十分剧烈，反映在意识领域中，即人们的思想信仰开始发生动摇，传统观念似乎已经受到质疑。于是，曾参提出了"反省内求"的修养办法，不断检查自己的言行，使自己修养成完美的人格。因为社会的整体意识，人们才能时刻感觉到人类和人性，感觉到一种历史的和社会的使命感；因为仁的道德基础，使人的人格能形成博爱的集体意志，由集体意志驱动个体的不停反思。故儒家对个体人格的追求是在集体人格的完善中得以完成的。

君子务本，本立而道生。（《论语·学而》）

今译

君子专心致力于根本性的事务，根本建立了，治国做人的原则也就有了。

时析

成就具有完美人格的君子，必须确定安身立命的根本性原则，这样才能在纷繁复杂的社会中保持清醒，追求和实现自身的价值。为人之道、治世之道是在各人自身的根本原则的基础上逐渐形成的，所以要成为君子首先必须明确自己安身立命之本。在这里的“本”指孝悌，这种孝悌之所以为本，就是因为它是发自人的本心，是在天生的血缘关系之下确定的，是天道流行的表现，人以此为本，便是诚于天道。

子曰：“巧言令色，鲜矣仁。”（《论语·学而》）

今译

孔子说：“满口花言巧语，满脸装着和善的样子讨好别人，这样的人具有的‘仁德’是很少的。”

时析

儒家崇尚质朴，反对花言巧语；主张说话应谨慎小心，说到做到，先做后说，反对说话办事随心所欲，只说不做，停留在口头上。这表明，孔子和儒家注重人的实际行动，特别强调人应当言行一致，力戒空谈浮言，心口不一。这种踏实态度和质朴精神长期影响着中国人，成为中华传统思想文化中的精华。

君子所贵乎道者三：动容貌，斯远暴慢矣；正颜色，斯近信矣；出辞气，斯远鄙倍矣。（《论语·泰伯》）

今译

君子所应当重视的道有三个方面：使自己的容貌庄重严肃，这样可以避免粗暴、放肆；使自己的脸色端正，这样就容易取信于人；使自己说话的言辞和语气谨慎小心，这样就可以避免粗野和无理。

时析

仪表从表面看，仅是人的外包装，其实质则是人的心灵世界的外露，由表及里。

子曰："《诗》三百，一言以蔽之，曰：'思无邪'。"（《论语·为政》）

今译

孔子说："《诗经》三百篇，可以用一句话来概括它，就是'思想纯正'。"

时析

孔子时代，可供学生阅读的书还不很多，《诗经》经过孔子的整理加工以后，被用作教材。孔子对《诗经》有深入的研究，所以他用"思无邪"来概括它。《论语》中解释《诗经》的话，都是按照"思无邪"这个原则而提出的。到了宋代，程朱理学进一步认为，孔子所说的让人思想纯正，实际上就是真诚。

子曰："人而无信，不知其可也。大车无輗[①]，小车无軏[②]，其何以行之哉？"（《论语·为政》）

注释

①輗（ní）：大车横木上的关键。②軏（yuè）：小车横木上的关键。

今译

孔子说："一个人如果没有诚信，是根本不可想象的。就好像大车没有輗，小车没有軏一样，它靠什么行走呢？"

时析

信，是儒家传统伦理准则之一。孔子认为，信是人立身处世的基点。

守信

信的含义有两种:一是信任,即取得别人的信任;二是对人讲信用。诚信是为人之道,是立身处世之本,是人与人相互信任的基础。讲信誉、守信用是我们对自身的一种约束和要求,也是外人对我们的一种希望和要求。如果一个从业人员不能诚实守信,那么他所代表的社会团体或是经济实体就得不到人们的信任,无法与社会进行经济交往,或是对社会缺乏号召力和响应力。因此,诚实守信不仅是社会公德,而且也是任何一个从业人员应遵守的职业道德。诚实守信作为职业道德,对于一个行业来说,其基本作用是树立良好的信誉,树立起值得他人信赖的行业形象。它体现了社会承认一个行业在以往职业活动中的价值,从而影响到该行业在未来活动中的地位和作用。“人无信不立”,对一个行业来说,同样只有守信用、讲品德,才能从根本上做好行业品牌,树立良好的行业形象。

子曰:“已矣乎!吾未见能见其过而内自讼者也。”(《论语·公冶长》)

今译

孔子说:“算了吧!我还没有看见过能够发现自己的错误而又能从内心责备自己的人。”

时析

古往今来,人们往往能够一眼看到别人的错误与缺点,却看不到自己的错误。即使有人明知自己有错,也因顾及自己的面子或其他原因而拒绝承认错误,更谈不上从内心去责备自己了。甚至有的人,自己犯了错误,不去认真检查自己,反而把责任推到别人头上,这是一种十足的伪君子。孔子说他没有见过有自知之明、有错即改的人。其实,在现实社会生活当中,我们见到的伪君子这种人还少吗?

子曰:“君子贞而不谅。”(《论语·卫灵公》)

今译

孔子说:“君子讲诚信,而不拘泥于小信。”

时析

孔子提倡“信”的道德准则,但它必须以“道”为前提,即服从于仁、礼的规定。离开了仁、礼这样的大原则而讲什么“信”,就不是真正的信。

子曰:“君子义以为质,礼以行之,孙以出之,信以成之。君子哉!”(《论语·卫灵公》)

今译

孔子说:“君子以道义作为做事的根本,依照礼义来实践它,以谦逊的言语来说出它,凭诚实的态度来完成它。这真是君子呀!”

时析

成就谦谦君子的完美风范,需要能够秉持道义,彬彬有礼,言行谦逊,态变诚恳。诚信就是最终实现这一目标的保证,唯有自始至终保持诚信,特别是发自内心的真诚,才不会使这一努力过程变得功利、虚伪,否则就会成为徒有其表的伪君子。

好仁不好学,其蔽也愚;好知不好学,其蔽也荡;好信不好学,其蔽也贼;好直不好学,其蔽也绞;好勇不好学,其蔽也乱;好刚不好学,其蔽也狂。(《论语·阳货》)

今译

爱好仁德而不爱好学习,它的弊病是受人愚弄;爱好智慧而不爱好学习,它的弊病是行为放荡;爱好诚信而不爱好学习,它的弊病是容易被人利用而危害自身;爱好直率却不爱好学习,它的弊病是说话尖刻;爱好勇敢却不爱好学习,它的弊病是闯祸捣乱;爱好刚强却不爱好学习,它的弊病是狂妄自大。

时析

追求真、善、美，都是要通过学习才能得到，那些美好的品德来自学习实践。如今很多人，徜徉在信息的海洋中，涉猎广泛；也有很多人，喜欢当领导，自觉高人一等。他们的共同特点是，各自的精神旨趣未经枯燥、烦琐、艰巨的学习磨炼，在精神和道德上缺少艰苦的耕耘，而变得刚愎自用；那些兴趣广泛、多才多艺、对什么都想发表意见的人，在智力和记忆上缺少反复的切磋，根基就很浅薄。

甘受和，白受采。忠信之人，可以学礼，苟无忠信之人，则礼不虚道。是以得其人之为贵也。（《礼记·礼器》）

今译

甘味可以混合成各种味道，白色的底子上可以承受各种颜色的彩绘。忠诚守信的人，才可以学习礼。如果不是忠信的人，礼是没有办法去实实在在地引导他的。所以学习礼最重要的是要找到品德合适的人。

时析

心性忠诚，言行信实，这样的人本质上纯洁质朴，如果通过学习、实践礼仪，并加以雕琢，必成大器。

先王之立礼也，有本有文。忠信，礼之本也；义理，礼之文也。无本不立，无文不行。（《礼记·礼器》）

今译

先王制定礼义，是有根本、有条文的。忠信，是礼义的根本。义理，是礼义的条文。没有根本就不能制定，没有条文就无法执行。

时析

礼义，是用来协调天人关系的，因此制礼、行礼都必须诚信，诚信的情感是礼义发挥作用的根本。礼虽以忠信为本，而又必须以义理为文饰，才能得理合宜，便于实行。

所谓修身在正其心者，身有所忿懥①，则不得其正；有所恐惧，则不得其正；有所好乐，则不得其正；有所忧患，则不得其正。心不在焉，视而不见，听而不闻，食而不知其味。此谓修身在正其心。(《礼记·大学》)

今译

①懥(zhì)：忿恨、愤怒的样子。

时析

所谓修养自身品德，在于端正自己的内心。(是什么道理呢?)自身有所愤怒，内心就不能端正；自身有所畏惧，内心就不能端正；自身有所逸乐，内心就不能端正；自身有所忧患，内心就不能端正。心思不能集中，看东西就像看不见，听声音就像听不见，吃东西也不知道滋味。这就是说，修养自身的品德首先在于端正自己的内心。

今译

人通常会看到有利于自己的一面，认为只有自己才是最好的，自己应该享受最高等的。这样有了私欲，心中就会产生很多杂念，说话做事的时候有很多的顾虑，内心不够光明正大。在各种欲望的干扰下，实际上也做不成什么事。所以我们首先就要端正自己的心思，对任何事情都要保持一个平静的心态，那自然就是无欲无求，不论做什么事也都能有所收获。

德者本也，财者末也。(《礼记·大学》)

今译

道德是根本，财富只是枝节。

时析

为人处世要有本有末，分清主次，也就是要清楚大义所在，财富只是身外之物，德性才是立身之本。

知善之为善，乃能行诚。（《礼记·中庸》）

今译

知道善之所以为善的原因，才能使诚得到推行。

时析

明白善并且能去追求善，这是从根本上对诚的修养。诚并不是一味地按照自己的本心或意愿行事，因此就是要以“善”来约束、规范自己的心性。“明善在明，守善在诚。”但对什么是善、什么是诚，儒家一般不作分析、论证，只是要求人们返回到自身，进行反思内省，作整体把握。其目的是要完成一种理想人格，而不是获得具体知识。

君子不自大其事，不自尚其功。（《礼记·表记》）

今译

君子不自认为自己做的事情伟大，不自认为自己的功劳高。

时析

这种谦虚谨慎的精神就是诚信的表现。

君子之言，信而有征，故怨远于其身；小人之言，僭[①]而无征，故怨咎及之。（《左传·昭公八年》）

注释

①僭（jiàn）：超越本分，过分。旧时指下级冒用上级的名义或器物等。这里是虚假、不真实的意思。

今译

君子之言，诚实而有证据，所以怨恨远离其身；小人之言，虚伪混乱又无根据，所以遭致怨祸。

时析

这是要求人说话要诚实，要有根据，切忌无事实根据地胡言乱语。

惟善人能受尽言。（《国语·周语下》）

今译

唯有善人能够接受别人的意见。

时析

善人能够怀着善意去面对别人的批评，不会因此心生怨恨。能接受别人的意见，不只是听，如果别人的意见中肯，就要照着去做，这才是真的接受了。只有真正真诚、善良的人能做到。

圣，知之华也。知，仁之实也。仁，信之器也。信，义之重也。义，利之本也。（《大戴礼记》）

今译

圣，是智慧的表现；智慧，是仁的果实；仁，是信的载体；信，是义的重心；义又是利的根本。

时析

圣，是儒家所认为的最高道德标准，圣者无所不通，所以是智慧的表现，智慧达到仁就是最好成就，仁之为德，就是忠信不欺罔，信又以义为本。

与人以实，虽疏必密；与人以虚，虽戚必疏。（《韩诗外传》）

今译

以真心实意待人，虽然表面上看起来疏远，但实际上亲密；以虚情假意待人，即使表面上显得亲近，但实际上是疏远的。

时析

有人偏偏就信这个“虚”字，不是看到能否长久地相处，谋求长久的利益,而是从个人利益出发,鼠目寸光,以偏概全,能够歇一会儿是一会儿,能躲一阵是一阵。为此绞尽脑汁、挖空心思也在所不惜,为什么?贪图眼前利益,缺乏做人的根本原则和立场。

尽诚可以绝嫌猜,徇公可以弭[①]馋诉。(《刘宾客文集·上杜司徒书》)

注释

①弭(mǐ):平息、停止、消除的意思。

时析

只要尽力做到忠诚公平就可以消除嫌疑和猜忌,牺牲个人私利一心为公就可以平息谗言和诽谤。

今译

诚恳的人心中守着真理,为人心地善良,公正无私,不会隐瞒自己的观点,也不会趋炎附势、落井下石,自然与心胸狭窄、行事险恶绝缘。这样别人就不会去猜疑,即使想要说他的坏话也找不到借口。

诚,五常之本,百行之源也。(《通书·诚下》)

今译

诚是五常(仁、义、礼、智、信)的基础,亦是人的各种善行的根源。

时析

儒家学者认为仁、义、礼、智、信这五常是社会生活中五种最高层次的伦理,其中诚信是最根本的原则。诚被看做仁、义、礼、智、信这“五常”的基础和各种善行的开端。对于一个国家、一个社会而言,诚信可以说是立国之本。国家的主体是人民,国家的主权也归于人民。中国自古就有“民惟邦本,本固邦宁”“得民心者得天下,失民心者失天下”的明训,这些话至今仍然是至理名言。但国家的领导者依靠什么去团结人民呢?靠的是明智的政策和精神信念，诚信就是取信于民，团结人民的人文精神和道德信念。对于一个社会单位、一项社会事业而言，诚信可以说是立业之本。诚信作为一项普遍适用的道德规范和行为准则，是建立行业之间、单位之间以及人与人之间互信、互利的良性互动关系的道德杠杆。很难设想，一个不讲诚信、不守信用的单位或企业，在现代法治社会中会有长期的立足之地。一项社会事业也只有依靠诚信立业，才能顺利发展。对于每个社会成员而言，“诚信”是立身之本、处世之宝。人生立于世间数十年，必须不断学习，以获得知识、增进知识，知识既是个人谋生的工具，也是个人为社会服务的工具。但是，要真正做个对社会有所贡献的人，仅靠知识工具是不够的，还必须有正确的价值观去指导，否则，知识也可能成为滋生罪恶的工具。“诚信”精神就是培养人的高尚道德情操，指引人们正确处理各种关系的重要道德准则。个人以诚立身，就会做到公正无私，不偏不倚，讲究信用，就能守法、受约、取信于人，就能妥善处理好人与人、个人与社会的关系。

诚者，圣人之本。（《通书·诚上》）

今译

诚，是圣人的根本。

时析

真诚，是取得成功的一个最基本的条件，也是使百业兴旺的源泉。圣人是儒家最理想的人格典范，周敦颐认为成为圣人的首要条件是“诚”。为人应以内心的真心实意为本，“不诚无物”，只有“立诚才有可居处”，因此是实践圣人之道的充分条件。诚信是与天道相融合的人的真实本性。天道是“真实无妄”的，是按照自身的规律运行的。圣人作为人们的典范，在道德上也保持着与天道相一致的“真实无妄”的特性。

唯信与诚，有失无补。一不诚则心莫之保，一不信则言莫之行。(《资治通鉴·唐纪》)

今译

诚心与信用，一旦失去便无法弥补。一不诚心，人心便难以保持；一旦不守信用，所说的话便难以让人实行。

时析

信用是难得易失的，费十年工夫积累的信用，往往由于一时的言行而失掉。诚信的建立需要不断积累，必须始终保持谨慎，严格要求自己，因为一旦失信，长久以来建立的信用度就会受到质疑。中国人有句俗语说“病来如山倒，病去如抽丝”，诚信的缺失与重建，也如这句俗语所说的一样，就像罗马可能一朝毁灭，却不可能一日就建成。缺失的起始，或许只是瞬间的闪念，而重建却需要付出艰辛的努力。

学者不可以不诚，不诚无以为善，不诚无以为君子。修学不以诚，则学杂；为事不以诚，则事败；自谋不以诚，则是欺其心而自弃其忠；与人不以诚，则是丧其德而增人之怨。今小道异端，亦必诚而后得，而况欲为君子者乎？故曰：学者不可以不诚。虽然，诚者在知道本而诚之耳。(《二程遗书·畅潜道录》)

今译

有志于学业者不可以不真诚，不真诚就不能做到善，不真诚就不能成为君子。修养学习不真诚，那么学业就会很杂乱；做事不真诚，那么事情就会失败；自己思虑不真诚，那就是在欺骗自己的内心，并抛弃了对自己的忠诚；与人来往不真诚，那就会丧失自己的德行，并增加别人对自己的怨恨。如今，即使成为只有一得之见的人，也一定要做到真诚，更何况要做君子呢？所以说君子不能不真诚。虽然如此，要达到诚还在于知道天道与人道的本质并且能够去实践。

时析

一般人都是必须通过教化学习才能达到诚；圣人之诚能自明其善德，是先天所生，是人之本性使然；君子之诚是后天修炼而明白善德，从而达到“至诚”的境界，是教化使然。所以“思诚”就是反思自己的身心，进行内心体验和直观透视，明白自己的善良本性。孔子早就要求学生要把反思诚信作为每天的必修课。在他看来，只有反思了，一天才能坦然地度过。

诚无不动者：修身则身正，治事则事理，临人则人化，无往而不得，志之正也。（《程氏粹言·论道篇》）

今译

没有真诚所涉及不到的：用诚信要求自己就能身心规范端正，用诚信去处理事情就能条理清楚，以诚信待人就能使人被感化，没有做不到的，这是因为心态端正。

时析

这是二程弟子杨时整理收集的二程语录。诚可以打动一切：用在修身上，则可以使道德高尚；用在办事上，则可以把事情办好；用在待人上，则可以感化别人。强调修身、治事、待人要以诚信为本。诚信是为人做事的基本准则。一个人一旦失信，在社会上就无法立足，他也许会得利一时，但终究会为此付出沉重的代价。守信的人具有良好声誉，这笔无形的财富能为个人带来直接的利益，能促进个人事业的成功。

思诚为修身之本，而明善又为思诚之本。乃子思所闻于曾子，而孟子所受乎子思者。（《孟子集注·离娄上》）

今译

以真诚为准则是自我修养的关键，弄清楚哪些是好的言行举动，又是坚持真诚的根本，是子思学自曾子，而孟子又是从子思处学得的。

时析

探索天道与人道的目的是为了修身立德，实现真、善、美的统一，成就完美的人格。

诚意，是真实好善；恶恶，无夹杂。（《朱子语类·大学三》）

今译

使意念真诚，就是确实喜欢善，厌恶恶，不掺杂任何杂念。

时析

诚信是一种纯粹的德行，不应掺杂个人受后天污染而来的欲望。

敬以直内，义以方外，便是立诚。（《朱子语类·程子之书一》）

今译

以敬慎的态度使内心正直，以正义的准则为外在行为规范，就是立诚。

时析

在朱熹看来，敬与义的内外合一之道便是确立“诚”的品行。人要立身行己，待人接物，就必须有诚信，而要坚持诚信，就要内心正直，行为端正。

凡人所以立身行己，应事接物，莫大乎诚敬。诚者何？不自欺，不妄之谓也。敬者何？不怠慢、不放荡之谓也。（《朱子语类·朱子十六》）

今译

凡是一个人在社会上立身做事，对待各种事物，没有比诚和敬更重要的事了。什么叫诚呢？就是自己不欺骗自己，不做不该做的事情。什么是敬呢？就是不对人怠慢，不纵情放荡自己行为的意思。

时析

一般人的生活中常常都会遇到些琐碎的小事，提高自我修养的办法就是在待人接物时保持诚敬，平等地对待他人，不因对方的身份地位高低去曲意奉承或轻佻无礼。

修身之要：言忠信，行笃敬，惩忿窒欲，迁善改过。（《晦庵集·白鹿洞书院揭示》）

今译

修身的要点包括：说话要忠诚、信实，行为要实际、恭敬，惩戒忿恨，消除贪欲，发扬长处，把过错改掉。

时析

朱熹教人提高自身修养要抓住要点，就是说话做事都要诚实守信，抑恶扬善，勇于改过。这看似简单易行，但难在持之以恒。

人之操履无若诚实。（《朱子全书·宋名臣言行录》）

今译

人的操守没有比得上诚实的。

时析

诚实是人的最高品德。

推诚而不欺，守信而不疑。（《省心录》①）

注释

①《省心录》：为北宋著名诗人林逋所作，是一部训诲劝诫类文献。

今译

以真诚待人而不欺诈，恪守信用而不猜疑。

时析

敞开胸怀，显示诚意，别人自然会对自己诚心相待。

诚无悔，恕无怨，和无仇，忍无辱。（《省心录》）

今译

诚实，就不会有灾祸；宽容，就不会有怨恨；和善，就不会有仇敌；忍耐，就不会有耻辱。

时析

谦虚诚实是最好的处世方法，发自内心地与人交往，宁可让人，不要别人让自己；宁可宽容别人，不让别人宽容自己；宁可吃别人的亏，也不能让别人吃自己的亏；宁可自己受气，也不让别人受自己的气。这样时间一久，别人对你的怨恨自然就会消解。

处己、事上、临下，皆当如诚为主。（《读书录》）

今译

衡量自己，服从上级，领导下属，都应当一概以真诚为准则。

时析

人在社会中扮演着多重角色，不同的情况下会产生不同的心态，这必然会影响人对事物的看法，就有可能带上个人色彩，有失公正。要避免这种情况的方法就是真诚，不论何时何地、何种情况之下，始终保持一颗真诚的心。对自己的反省、对上级的忠诚、对下属的宽厚、对父母长辈的孝顺、妻子的爱护等都能表现得完美。

《大学》工夫即是明明德；明明德只是个诚意；诚意的工夫只是格物致知。若以诚意为主，去用格物致知的工夫，即工夫始有下落，即为善去恶无非是诚意的事。（《王阳明全集·传习录·

上》)

今译

实践《大学》的方法就是去明白高明的德性;明白高明德性的方法就是使意念真诚;使意念真诚的方法就是研究事物、追求真理。如果以意念的真诚为主,去运用研究事物追求真理的方法,这个方法才能落到实处,这就是说,为善去恶不过就是使意念真诚罢了。

时析

这是王阳明在教人如何按照《大学》法修养身心,也就是去除杂念、恶念,其实就是诚意,就是在日常学习实践中让自己的心灵真诚、纯净,强调学习的目的是为了明德。

大抵《中庸》工夫只是诚身,诚身之极便是至诚;《大学》工夫只是诚意,诚意之极便是至善:工夫总是一般。(《王阳明全集·传习录·上》)

今译

大概《中庸》的方法只是教人行为真诚以恢复人性,行为真诚达到极致就是至诚;《大学》的方法只是教人意念真诚,意念真诚达到极致就是最大的善:方法都是一样的。

时析

《大学》《中庸》教人的方法并不复杂,都能使人身心真诚。如何让每一个人达到身心真诚,关键在于如何把这样的方法落到实处,发挥到极致,全心全意地投入自我修养中。至诚至善是圣人的境界,由此看来,在修养方法上圣人、贤人、凡人都是一样的,区别在于能否将之发挥到极致。

《大学》之要,诚意而已矣。诚意之功,格物而已矣。诚意之极,止至善而已矣。止至善之则,致知而已矣。正心,复其体也;

修身，著其用也。以言乎己，谓之明德；以言乎人，谓之亲民；以言乎天地之间，则备矣。(《王阳明全集·文录四·大学古本序》)

今译

《大学》的核心，不过是诚意罢了。诚意的方法，不过是格物罢了。诚意的极致，不过是达到至善的境界罢了。达到至善的方法，不过是致知罢了。端正心性，是为回复本体；修养身体，是为显明功用。对自己来说，称为彰显道德；对别人来说，称为亲爱百姓；对天地万物来说，那就非常全面了。

时析

《大学》的核心内容就是诚意，具体怎么做也很明白，王阳明在这里把《大学》教人的内容又做了一番整理，以方便后学。最基本的方法就是努力学习各种知识，了解天地宇宙衍生变化的奥秘，体会人生、社会发展演变的规律，把这些真理性的认识与自己的日常言行统一起来，身心修养就都能得到明显的提高。对自己来说德性显明，对他人、社会来说则因为自己的实践活动而受益，那么对自然、社会、人生来说，没有比这样做更好的了。

是故不务于诚意而徒以格物者，谓之支；不事于格物而徒以诚意者，谓之虚；不本于致知而徒以格物诚意者，谓之妄。支与虚与妄，其于至善也远矣。(《王阳明全集·文录四·别梁日孚序》)

今译

所以不从事于诚意而只进行格物的，称之为支离；不从事于格物而只进行诚意的，称之为虚无；不以致知为基础而只进行格物、诚意的，称之为诞妄。支离、虚无、诞妄，它们距离至善的境界就非常远了。

时析

王阳明指出诚意要从格物做起，同时保持真诚、警醒的心态。他反对那种纯粹只是学习具体知识而不进行内心反省的行为，那就把天道与人道割裂了,而那种整天静坐以求领悟的人,由于缺乏实践,即使有所领会也没有得到检验,其所作所为流于虚无,就是空谈,而不以求真、求善为明确目标,就去格物、诚意的,最终会一无所获。

学圣希贤,惟在存诚,则五常百行,皆自然无不备也。无欲便觉自在。(《明儒学案·诸儒学案》)

今译

学习做圣人、贤人,须得心中有诚意;这样仁、义、礼、智、信和各种善行自然就具备了。真诚而不掺杂私欲就会觉得自由自在。

时析

欲望是束缚人心灵的枷锁,要做圣贤,得到自由,就要去掉枷锁的束缚,心中长存诚意,自然能端正心态,摆脱过分的贪欲。

常将此心放在宽荡荡地,则天理自存,人欲自去矣。(《明儒学案·蕺山学案》)

今译

经常保持内心的宽容坦荡,天理自然就在其中,私欲自然逐渐消失。

时析

理学家教人体验天理,消除个人私欲,只要保持内心坦诚、端正,自然就可以做到。

万善之首必曰信。(《谭嗣同全集·遗墨三篇》)

今译

诚信是所有善德、善行之中最重要的。

时析

诚信是所有良好品德和行为中最重要的,做不到诚信,其他一切所谓的善，就都会变得虚伪，那就是伪善。

信人者，人未必尽诚，己则独诚矣；疑人者，人未必皆诈，己则先诈矣。（《菜根谭》）

今译

一个肯信任别人的人，虽然别人未必全是诚实的，但是自己先做到了诚实；一个常怀疑别人的人，别人虽然未必都虚诈，但是自己却先成为虚诈别人的人。

时析

疑神疑鬼、不信任别人的人是成不了气候的。尤其是一个有创造大业雄心的人，在待人接物上必须出自真诚，要疑人莫用，用人莫疑，这样大家才能精诚合作。诚信是传统的做人原则之一，真诚待人终究会感动别人。但是真诚待人不是见什么都把自己和盘托出，即使见了作奸犯科的歹徒也去真诚相待，期望以此感化他。如果这样，社会责任、法律义务谁来承担？所以诚也是相对的，而不是绝对的。

不可乘喜而轻诺，不可因醉而生嗔，不可乘快而多事，不可因倦而鲜终。（《菜根谭》）

今译

不要乘着高兴对人随便许下诺言，不要在醉酒时不加控制地乱发脾气，不要乘着一时称心如意不加检点惹是生非，不要因为疲劳疏懒而有始无终，半途而废。

时析

平常心是为人处世的基本心态，失去平常心，各种问题就都产生了。人有很多毛病往往是不自觉的。高兴时有求必应，轻诺寡信，于是奸小之辈往往投其所好，察其所喜，并有意制造一个让人高兴的环境，通过各种手段来等待“轻诺”。借酒发疯，是一种失控的表现，是有德之人所不为的。由于失控，就必然失言，以致酒后无德。人在得意之时说话无所顾忌，摆不正自己的位置，忘记应尊重理解别人，应收敛检点自己。得意忘形，实际上是做人不成熟的表现。

成王厚遇重耳，重耳甚卑。成王曰：“子即反国，何以报寡人？”重耳曰：“羽毛齿角玉帛，君王所馀，未知所以报。”王曰：“虽然，何以报不谷[①]？”重耳曰：“即不得已，与君王以兵车会平原广泽，请辟王三舍。”……楚得臣怒，击晋师，晋师退。军吏曰：“为何退？”文公曰：“昔在楚，约退三舍，可倍乎！”（《史记·晋世家》）

注释

①不谷：古代王侯自称的谦词。

今译

楚国国君成王对重耳很好，而重耳很谦卑。楚成王说：“公子要是回到晋国，将来要怎样报答我呢？”重耳说：“金银财宝楚国有的是，不知道有什么可以报答大王的。”楚成王说：“虽然这么说，可总该对我有所表示吧？”重耳说：“假如哪一天迫不得已，与您相遇在战场上，我一定会命令军队向后撤军三舍（九十里）。”……楚得臣愤怒出击晋国军队，晋国军队向后撤退，部下问：“为什么后退？”晋文公说：“当年在楚国，曾约定要退避三舍，怎么能违背诺言呢！”

时析

晋文公为了实现他许下的诺言，下令军队后退九十里，驻扎在城濮。楚军见晋军后退，以为对方害怕了，马上追击。晋军利用楚军骄傲轻敌的弱点，集中兵力，大破楚军，取得了城濮之战的胜利。这就是退避三舍的典故由来，今天用来比喻遇事应当容忍退让。

忠信进德

君子进德修业。忠信，所以进德也。（《周易·乾·文言》）

今译

君子提高德行修身养心，而忠诚守信，就是提高德行的方法。

时析

孔子认为安身立命，重在德行的不断提高、完善，使人们的内心与外在行为一致。要忠实地面对自己的不足，面对社会、生活中的问题，勇敢而不退缩，履行自己的职责、诺言，通过生活实践中的忠实守信提高自身修养。

子曰："君子不重，则不威；学则不固。主忠信，无友不如己者。过，则勿惮改。"（《论语·学而》）

今译

孔子说："君子不庄重，就没有威严；即使读书，所学的也不会巩固。要以忠、信为主，不要同与自己志不同道不合的人交朋友。有了过错，就不要怕改正。"

时析

孔子提出了君子应当具有的品德，作为具有理想人格的君子，从外表上应当给人以庄重大方、威严深沉的形象，使人感到稳重可靠，可以付之重托。他重视学习，不自我封闭，善于结交朋友，而且有错必改。要实现这些品德，自己首先必须忠诚守信，这是对这些美好品德发自内心、本性的向往，而不仅仅是为了得到别人的赞扬、羡慕。

人不忠信，则事皆无实，为恶则易，为善则难，故学者必以是

为主焉。(《论语集注》)

今译

人如果不忠诚守信，那做事就不踏实，就很容易做坏事，做好事就很艰难，所以要学做君子的人一定要以忠信为主。

时析

朱熹特别强调诚实在自我修养过程中的重要性。君子的人格是完整的，不论何时何地，都是忠实地反映其本性，不管做什么都能全心全意地投入。那种缺乏诚信的言辞、行为，往往是为了履行职责而敷衍了事，虽然完成了任务，但是实际上自己从中一无所得。

子曰："君子食无求饱，居无求安，敏于事而慎于言，就有道而正焉，可谓好学也已。"(《论语·学而》)

今译

孔子说："君子饮食不求饱足，居住不要求舒适，对工作勤劳敏捷，说话谨慎，到有道德的人那里去匡正自己，这样可以说是好学了。"

时析

一个有道德的人，不应当过多地讲究自己的饮食与居处，在工作方面应当勤劳敏捷，谨慎小心，而且能经常检讨自己，请有道德的人对自己的言行加以匡正。作为君子应该克制过度追求物质享受的欲望，把注意力放在塑造自己道德品质方面。学习的目的不是为了升官发财、为自己牟取利益，而是要在学习过程中不断完善自身的人格。

子以四教：文、行、忠、信。(《论语·述而》)

今译

孔子从四个方面教导学生：文献、实践、忠诚、守信。

守信

时析

孔子教导学生时，注重历代古籍、文献资料的学习，但仅有书本知识还不够，还要重视社会实践活动。所以，从《论语》中，我们可以看到孔子经常带领他的学生周游列国，一方面向各国统治者进行游说，一方面让学生在实践中增长知识和才干。但书本知识和实践活动仍不够，还要养成忠、信的德行，即对待别人的忠心和与人交际的信实。概括起来讲，就是书本知识、社会实践和道德修养三个方面。提倡“文”（即《诗》《书》《礼》《易》等典籍）、“行”、“忠”、“信”并重，希望学生能做到博学多闻（文）、敦品励行（行）、尽忠职守（忠）、诚实不欺（信），把智育与德育结合起来，做一名德才兼备的人。

子曰：“狂而不直，侗而不愿，悾悾[①]而不信，吾不知之矣。”（《论语·泰伯》）

注释

①悾（kōng）：真诚，诚恳，又有空虚的意思。

今译

孔子说：“狂妄而不正直，无知而不谨慎，表面上诚恳而不守信用，我真不知道有的人为什么会是这个样子。”

时析

“狂而不直，侗而不愿，悾悾而不信”都不是好的道德品质，孔子对此十分反感。这是因为，这几种品质不符合中庸的基本原则，也不符合儒家一贯倡导的“温、良、恭、俭、让”和“仁、义、礼、智、信”的要求。所以要成就完美的君子风范，就要避免这三种情形。

子曰：“不逆诈，不亿不信，抑亦先觉者，是贤乎！”（《论语·宪问》）

今译

孔子说："不预先怀疑别人欺诈，也不无根据地猜测别人不诚实，然而能事先觉察别人的欺诈和不诚实，这样的人就是贤人吧！"

时析

这种预先把别人设想得很坏，把人性看成是恶的做法，是儒家坚决反对的。但是能够根据人情真伪、事态发展，作出准确判断的人，就值得赞扬了。这种判断不是建立在恶意猜测的基础上，而是来自敏锐的观察、深刻的人生体验。

言忠信，行笃敬，虽蛮貊①之邦，行矣；言不忠信，行不笃敬，虽州里，行乎哉？（《论语·卫灵公》）

注释

①蛮貊(mò)：古人对少数民族的贬称，蛮在南，貊在北方。

今译

说话忠诚守信，行为踏实可敬，即使在蛮荒之地也能通行。说话不忠诚守信，行为不踏实可敬，即使在家乡，能行得通吗？

时析

人只有言而有信，才能得到他人的信任。言谈举止诚信可靠的人，哪怕是在一个陌生的缺乏相互了解的地区，也能以真诚打动别人，得到他人的信任，有效地实现自己的目标。相反，不讲究信义，得不到他人的信任，那么虽在自己熟悉的家乡，也会使自己的行为处处受到阻碍、抵制，无法达到自己的目的。

贤者之祭也，致其诚信与其忠敬，奉之以物，道之以礼，安之以乐，参之以时，明荐之而已矣，不求其为。此孝子之心也。（《礼记·祭统》）

今译

贤德的人在祭祀的时候，能够致以他内心全部的诚信和忠敬，并且用祭品来供奉，用礼来引导，用乐来安置，按时行祭祀，洁净而恭敬地进献，但并不希冀神灵赐予福佑。这就是孝子的心。

时析

诚敬乃是行礼者发自内心的真实情感，也是祭祀礼文之盛的内在心理的情感依据。儒家所谓祭祀“尽”的概念，其着重点在于祭祀主体内心的诚敬，它将祭礼的内在精神系于人心，是对先秦祭祀“主敬”的深刻阐发，它抽离了祭祀的宗教性特征，将对祖先的情感维系于人的内在道德，突出表现了儒家后学祭祀观念内在超越的一面。

大学之道，在明明德，在亲民，在止于至善。（《礼记·大学》）

今译

大学的原理，在于使人发扬光明的德性，在于亲近百姓，在于使人达到完善的境界。

时析

以我们今天的眼光来看，“在明明德”就是加强道德的自我完善，发掘、弘扬自己本性中的善根，而摒弃邪恶的诱惑。人的本性生来都是善良的，只不过因为后天的环境影响和教育才导致了不同的变化，从中生出许多恶的品质。儒家的先贤们强调后天环境和教育的作用，《大学》就是要发现人们心中所固有的辨别道德的能力，弘扬人性中光明正大的品德，使人达到最完善的境界，这就是教育的目的，这也是人道思诚的原因。

为人君，止于仁；为人臣，止于敬；为人子，止于孝；为人父，止于慈；与国人交，止于信。（《礼记·大学》）

今译

做国君的言行要做到仁爱，做臣下的言行要做到恭敬，做儿女的言行要做到孝顺，做父亲的言行要做到慈爱，与国人交往言行要做到坚守信义。

时析

诚实是最古老、最原始的道德要求。人是群居动物，人的本质在于人的社会性。社会性这一概念强调的是人与人之间的相互依赖和联系，是在情感、信息、社会资源上的交流和交换。个人依赖于他人、依赖于社会，个人希望自己所依赖的他人、社会不是虚假的，而是真实的。在君臣、父子等社会关系中，竭尽全力把自身应当尽到的义务做到最好，这就是诚信的表现。

所谓君子者，躬行忠信，其心不买。（《大戴礼记·哀公问五义》）

今译

所谓的君子，就是亲身实践忠信，他的心志不受外界所利诱。

时析

君子对忠诚守信原则的追求，不是仅停留在心向往之，或是口头上，而是坚定不移地亲身实践，把忠信落到实处。

厚德而广惠，忠信而爱人，君子之行。（《逸周书·文传》）

今译

积累德性，广施恩惠，忠实诚信，慈爱百姓，这是君子的行为。

时析

这是周文王告诫太子姬发的话。君子的行为，就是要忠实诚信，在长期对诚信原则的实践、推广中积累善德，利己利人。

言敬必及天，言忠必及意，言信必及身。（《国语·周语下》）

今译

谈论敬必定涉及天，谈论忠必定涉及诚意，谈论信必定要涉及自身。

时析

这是称赞晋国孙谈的儿子孙周的言行踏实。人的言行必须与敬、忠、信等德性相契合，讲到敬一定要表示对天的敬畏，讲到忠必求发自内心，讲到信必从自己身上做起，这是人的内心德性，是直接表现于生活实践、道德实践的最好说明。

不受虚言，不听浮术，不采华名，不兴伪事。言必有用，术必有典，名必有实，事必有功。（《申鉴·俗嫌》）

今译

不听虚假的话语，不相信不切实际的方法，不谋取浮华的名声，不做虚伪的事。进言必有所采纳，做事必有其根源，名义必有其实际，事情必有其成效。

时析

这是指人的视、听、言、动都要实事求是。一举一动、一言一行都不能掺假。虚言误事，浮术害人，华名误人，伪事劳民伤财。

忠信谨慎，此德义之基也。虚无谲[①]诡，此乱道之根也。（《潜夫论·务本》）

注释

①谲(jué)：欺骗、诈骗的意思。

今译

为人真诚、守信、谨慎，这是德义的根本。夸夸其谈，危言耸听，这是乱道的根由。

时析

人的道德是在人际交往中建立、完善的，孝顺长辈、忠于职守、慈爱子女等这些道德情感的表现，都必须以诚信为基础，否则便是伪善。人要说到做到，要忠诚、讲信用，做事小心谨慎。诚信之所以重要，是因为人处于社会中，就不能不遵守社会的规则，否则就会秩序紊乱，一事无成。这一点，古今中外都是一样的。而且人类社会越是走向文明进步，越是需要人们诚实守信。中华民族历来重视诚信为本，诚信，既是个人立身之本、成事之基、处世之道，也是社会和谐稳定、发展进步之源。

文以行为本，在先诚其中。（《河东全集·书五·报袁君陈秀才避师名书》）

今译

文以行道为本，要做到这一点，首先必须心中真诚。

时析

这是特别强调作者的品德修养和创作态度。文以载道，要写出好文章，得到流传散播，就要能引起别人的共鸣。所以，写文章要有真情实意，首先要做到内心真诚。

人道惟在忠信，"不诚无物"。人若不忠信，如木之无本，水之无原，更有甚底！一身都空了。今当反看自身，能尽己之心，能不违于物乎？若未尽己之心而不违于物，则是不忠信。（《朱子语类·论语三》）

今译

人生的大道就在于忠信当中，不诚心就得不到事物之理。人如果不忠信，就像树木没有根，水没有源头，甚至整个事物都是虚假的。现在回头看看自己，能不能竭尽心力于忠信上，能不能不违背事物的道理？如果不能竭尽全力于忠信，又不能遵守事物本身的规律行事，就是不忠信。

时析

在人生修养方面，朱熹将忠、信合在一起讨论，作为一种个人美德。“诚”更多的是指“内诚于心”，是人的一种内在德性，是对道德个体的单向要求。而“信”则偏重于“外信于人”，更多的是针对社会群体提出的双向或多向要求，体现为社会化的践行。只有内诚于心，才能外信于人。这就是诚信精神的真谛！人无信不立，企业无信则衰，国家无信则败。这是无数次实践所验证了的真理。个人诚实守信，会受到尊重；企业诚实守信，能赢得市场；政府诚实守信，能博得拥护。

忠信，实理也。（《朱子语类·论语三》）

今译

忠信，就是真实存在的道理。

时析

天道与人道都是实实在在的道理，只有忠诚于自然、社会、自身，才能感悟到其中蕴涵的真理。如果能进一步按照它去实践，自己的德行就会不断提高。

忠信，以人言之。盖忠信以理言，只是一个实理；以人言之，则是忠信。盖不因人做出来，不见得这道理。（《朱子语类·论语三》）

今译

忠信，是对人来说的。因为就忠信的道理来说，只是一个实在的理论；而对人来说，则是忠诚、守信的行为。如果不是通过人的学习、实践表现出来，是看不到这个道理的。

时析

不论高深奥妙的道理，还是简单朴实的行为守则，如果不去实践，也只是看不见摸不到的理论，对社会和人生没有意义，人们看不到它的功用，也就没有价值了。

信者，忠之验。忠只是尽己。因见于事而信，又见得忠如此。（《朱子语类·论语三》）

今译

守信，是对忠诚的检验。忠只是竭尽自己的身心全力去做。只是因为去做事而被认为是守信，也因此在这个过程中就可以看到此人的忠诚。

时析

忠诚不是自己说出来的，而是在履行诺言的过程中表现出来的。另一方面，只有忠实地按照诺言去做，人们才会认为他是言行一致的，是守信的。

忠信只是一事，而相为内外始终本末。有于己为忠，见于物为信。做一事说，也得；做两事说，也得。（《朱子语类·论语三》）

今译

忠诚和守信是一回事，不过是互为内外、始终、本末。在自己内心中是忠，通过实物表现出来是信。把它们当做一回事来说，可以；当做两回事来说，也可以。

时析

忠诚是内在的品质，守信是这一品质的外在表现，二者是一体两面、密不可分的，因此忠、信、诚其实是相通的。

忠是信之本，信是忠之发。（《朱子语类·论语三》）

今译

忠诚是守信的根本，守信是忠诚的发源。

时析

忠诚和守信是一回事。只要是发自内心尽力去做，便是忠诚；经过验证与事物自身的道理并不违背，那便是守信。忠诚在人心中，没有表现出来时我们不知道，表现出来就是守信约，内外一致。忠于自己的内心是本质，遵守、实践说出的承诺就是这一本质的外在表现。

忠信，实也。然从知上来，吾心知得是非端的是如此，心便实，实便忠信。吾心以为实然，从此做去，即是进德。修辞处立诚，又是进德事。（《朱子语类·易五》）

今译

忠信，就是实在。是从学习中来，我自己内心所知道的是非也确实如此，内心就实在，实在的人就忠诚可信。自己的内心认为实际就是那样，按照内心真实的想法去做，这就是可以提高德性。完善言辞的地方首先确立自己的真诚，这也是提高德性。

时析

忠信就是按照自己内心的真实想法去说、去做，并且能够对自己的言行、内心经常进行反思，看它们是否一致，对各种是是非非保持清醒的认识，这样的人的内心就是充实、自信的，为人处世也诚实可靠。这种提升自身品德的方法是每个人都可以去实践的。

自古圣贤，皆以心地为本。（《朱子语类·学六》）

今译

自古以来，圣贤之人皆以心地高洁为处世根本。

时析

心地是佛教语,佛教以三界唯心,心如滋生万物的大地,能随缘化生一切诸法,故称之。古代指道德、学问都极为杰出的人要追求内心的纯善。

是故为人子而不主于忠信,则无以事其亲;为人臣而不主于忠信,则无以事其君;兄弟而不主于忠信则伤;夫妇而不主于忠信则乖;朋友而不主于忠信则离。视听言动,非忠信而不能以中理;出处语默,非忠信则不能以合宜。凡文辞之学,夫礼乐射御书数六艺,此皆古之圣贤所以居敬养和,周事致用,备其道全其美者。一不出忠信,则虽或能之,亦适所以崇奸而长伪,况其余乎?(《陆九渊集·拾遗》)

今译

所以作为子女而不以忠信为主,就不能侍奉好双亲;作为臣子而不以忠信为主,就不能侍奉好君主;作为兄弟而不以忠信为主,就伤害了亲情;作为夫妇而不以忠信为主,彼此就会背叛;作为朋友而不以忠信为主,就会离心。看、听、说、做,没有忠信就不能符合道理;言谈举止,没有忠心就会不合时宜。文字修辞的学问,礼、乐、射、御、书、数这六门功课,都是古代的圣贤们平时拿来锻炼意志、保养身心、做好事情、追求天道完美的手段。如果不是出于忠信,那么或许有些人也能做这些事,但那也只是在弘扬奸诈、助长虚伪,更何况其他人呢?

时析

这种忠信的品德是协调君臣、兄弟、夫妇、朋友关系的普遍行为准则,也是日常言行、学习实践所应坚持的基本态度。如果不坚持忠信,那么对父母、兄弟、朋友、领导等人的态度就不是真情实感,就会缺乏对人的本质的关爱,而只是看他扮演了哪一种社会角色,在社交或伦理关系中的地位、身份是什么,据此决定自己的态度,这完全是一种程序化的、空洞的情感。

这样的话，自己的感情、思想、生活等所有的一切就都变得虚伪了。

忠者何，不欺之谓也；信者何，不妄之谓也。人而不欺，何往而非忠；人而不妄，何往而非信；人而不妄，何往而非信。忠与信，初非有二也，特由其不欺于中而言之，则名之以忠；由其不妄于外而言之，则名之以信。果且有忠而不信者乎？果且有信而不忠者乎？名虽不同，总其实而言之，不过良心之存，诚实无伪，斯可谓之忠信矣。（《陆九渊集·拾遗》）

今译

忠是什么？忠就是不欺骗。信是什么？信就是不说谎。人如果不欺骗，走到哪里能不忠？人如果不说谎，走到哪里会得不到信任？忠和信，最初并没有差别，只是从他不欺骗自己的内心来说，就叫做忠；从他不对外人说谎来说，就叫做信。难道还真的有欺骗自己而不对别人说谎的吗？难道还真的有不对别人说谎却自欺欺人的吗？这两个叫法虽然不一样，从本质上来说，都不过是有良心、诚实不虚伪，这就可以说是忠信了。

时析

品德高尚的人把诚实看得最为尊贵。诚实是立信于己的前提。诚实就是言行跟内心思想一致，不说谎，不虚假。一个人讲了一个谎言，就不得不讲更多的谎言。就像一个变质的苹果一样，总是先有一个小小的斑点，然后慢慢扩大，最后整个苹果都烂掉。因此，年轻人应该告诫自己，不要讲谎话，一次也不要讲，不然就会有第二次、第三次，最后你的心灵会被谎言吞没，像苹果一样烂掉。一个人做到一切发自内心，诚实不说谎话，言行对得起自己的良心，不论走到哪里也会得到信任。

言忠者，行对敬，乃圣人教人取重于乡曲之术。盖财物交加，不损人而益己；患难之际，不妨人而利己，所谓忠也；有所许诺，纤

毫必偿，有所期约，时刻不易，所谓信也；处事近厚，处心诚实，所谓笃也；礼貌卑下，言辞谦恭，所谓敬也。若能行此，非惟取重于乡曲，则亦无人而不自得。（《世范·处己》）

今译

言辞忠诚，行为恭敬，这是圣人教人得到家乡人敬重的方法。财物往来，不损人利己；患难之际，不伤害别人以保全自己，就是所谓的忠；有所承诺，小到纤细的毫毛般的东西也要兑现；约定了会面的时间，一时一刻也不变，就是所谓的守信；处事宽厚，内心诚实，就是所谓的笃；行为谦卑有礼，说话谦恭，就是所谓的敬。如果能做到这些，不但会得到家乡人的敬重，而且没有人不感到自得其乐的。

时析

袁采是宋朝进士，以廉明刚直闻于世，他从纯道德角度阐述忠信笃敬之间的关系。信与笃实际是诚信的转化，意思大体相似。诚信老实的人不但会得到别人的认可，他自己也会因为德性在这些行为中得到提高而自信、自足，充满喜悦。

忠信，立身之本。（《读书录》[1]）

注释

①《读书录》：明代哲学家薛瑄的重要著作。共22卷，是其一生读书、讲学的笔记，编成于景泰七年(1456年)。《读书录》是明万历二十四年刻本，是类编性的。清乾隆十一年刻本分《读书录》《续读书录》各11卷。

今译

忠诚守信，是安身立命的根本。

时析

人生在世，必须与人打交道。面对各种困境、诱惑，只有始终以忠信待人、处世，内心才不会陷入矛盾、痛苦，也不会受繁杂的事务、人际关系干扰，也才能保持平和的心态。

德不进，病在意不诚；意诚则德进矣。（《读书录》）

今译

品德没有进步，毛病是在意念不真诚；意念真诚，德性自然就进步了。

时析

提高自身品德有很多方法，它们有一个共同要素，就是内心要真诚。

诚者不思而得，良知不虑而知，良知，一诚也，致知，诚之者也。此文成秘旨。（《明儒学案·蕺山学案》）

今译

天生诚实的人不必思索就知道言语行动得当，有良知的人不用考虑就知道天道。良知就是一种诚的表现，追求真理就是人道的表现。这是王阳明的秘诀。

时析

这是在解释王阳明的"良知"，其实就是"诚"，"致知"，就是"思诚"。

格致是诚意工夫，明善是诚身工夫，其旨一也。盖以诚意为主意，格致为工夫，工夫结在主意中，并无先后可言。若不提起主意，而漫言工夫，将必有知非所知之病矣。（《明儒学案·蕺山学案》）

今译

格物致知是使意念真诚的方法，明白善是使行为真诚的方法，它们的目的是一致的。大概是以使意念真诚为主要意图，格物致知为方法，方法就纠结在意图中，二者并没有先后的问题。如果意图不明确，而一味谈论方法，将来必定会出现虽然知道了，但却并不是想要知道的内容这样的弊病。

时析

做事情方法固然重要，但真诚的意图更为要紧。指导思想和目标都明确，即使方法不正确，多次尝试，终会达到目的。没有正确的指导思想和明确的目标，方法再好，也可能会达不到目的，因为那样做完全可能是在南辕北辙，越去越远。这里为修身治学点明其指导思想和目标，就是诚意。

君子之道，莫大乎以忠诚为天下倡。世之乱也，上下纵于亡等之欲，奸伪相吞，变诈相角，自图其安而予人以至危，畏难避害，曾不肯捐丝粟之力以拯天下。得忠诚者，起而矫之，克己而爱人，去伪而崇拙，躬履诸艰而不责人以同患，浩然捐生如远游之还乡而无所顾悸。由是众人效其所为，亦皆以苟活为羞，以避事为耻。

（《曾国藩全集·湘乡昭忠祠记》）

今译

成为君子的途径，没有比提倡忠贞诚信、使天下都遵守更重要的了。世道混乱，上下人等纵情于没有限制的欲望，奸猾与虚伪相互吞噬，变乱与欺诈相互角力，自身贪图安逸，而把最危险的给别人，畏惧困难，躲避灾害，竟然不肯捐献一根丝、一张票如此微小的力量来拯救天下。如果有忠贞诚信之人，奋力起来矫正这些，克制自己，爱护他人，去掉虚伪，崇尚质朴，亲自经历各种艰难，而不会责备别人，使他们与自己共同经历，坦荡荡捐弃生命，如同远方游历归来之人而没有顾虑。因此人们效法他的作为，也都以苟且偷生为羞，以躲避难事为耻。

时析

当代提倡的和谐社会，应当是一个在诚信基础上的法制健全、道德良好、人际关系融洽的社会，是一个公平、公正的社会。和谐社会是政治、经济、文化和谐的综合表现。当代社会与古代社会已经有了很大的不同，特别是各种伦理道德的社会基础已经不同，面临的问题也不同，所以当代诚信道德的养成不仅仅来自道德自身，也不能仅仅依靠某些道德楷模的感化。因为道德本身就是政治、经济、文化诸因素的产物。诚信与社会的政治、经济、文化制度密切相关。道德有很多难以发挥作用、无能为力的地方，要靠法律的强制，以及经济力量的辅助，同时政治的、经济的、文化的、法律的制度的运行，又有赖于诚信道德的支撑。要运用道德、舆论、经济和法律的各种手段惩罚失信行为。更重要的是要大力弘扬实事求是的精神，弘扬诚信精神，加快建立以政治、经济、法制等领域为主的社会信用监督和保障体系。要加大与诚信相关的政治、经济、文化制度建设。同时把诚信作为政治、经济、文化制度建设的基础和重要内容。要建立诚信信息系统，让社会共享；建立诚信奖惩机制，使诚信者因诚信得到益处，使不诚信者付出必要的代价。

信近于义

言必信，行必果，硁硁①然小人哉！（《论语·子路》）

注释

①硁硁(kēng)：象声词，敲击石头的声音。这里是指浅陋而又固执的样子。

今译

说话一定要信实，做事一定要果断，不问是非地固执己见，那是小人啊！

时析

孔子理念中的“士”，首先是有知耻之心、不辱君命的人，能够担负一定的国家使命。其次是孝敬父母、顺从兄长的人。再次才是“言必信，行必果”的人。孔子对这样坚持言必信、行必果的人虽然作了一些肯定，但认为他们不能从更大的方面去考虑自己的言行是非，只是狭隘固执的人，根本算不得士。

有子曰：“信近于义，言可复也。恭近于礼，远耻辱也。因不失其亲，亦可宗也。”（《论语·学而》）

今译

有子说：“讲信用要符合于义，（这样的）话才能实行。恭敬要符合于礼，这样才能远离耻辱。所依靠的都是关系亲密的人，也就可靠了。”

时析

孔子的弟子有子这段话，表明他们对“信”和“恭”是十分看重的。“信”和“恭”都要以周礼为标准，不符合于礼的话绝不能讲，讲了就不是“信”的态度；不符合于礼的事绝不能做，做了就不是“恭”的态度。这是讲为人处世的基本态度。

子曰："君子喻于义，小人喻于利。"（《论语·里仁》）

今译

孔子说："一个有道德的人主要讲的是大义，一个缺道德的人主要讲的是小利。"

时析

君子遇到事情首先辨别其大义，小人遇到事情首先计较其利害。所以君子可以晓以大义，而小人则只能动之以利害。义，是指人类社会活动和人际关系中应当遵循的最高原则和应当追求的最高道德；利，是指能满足人类生活需要的利益和功利。能不为利所动，能够见利而先思义，便是君子；见利而忘义，抛弃人生原则，便是小人。

小人在为自己的利益时，宁愿受人的批评，甚至丢弃诚信。这种小人往往不明白，最大的利是使我们活得心情舒畅、问心无愧，而不是富贵。只要我们能忠诚、自强不息地去做事，那么，利也就在其中了。富贵不是人们想求就必然能够得到的，也不是得到之后就永远能拥有的，因此，不必有意地去提倡追求"利"，而应该提倡做好此时此刻该做、能做的事，真诚地面对生活中的艰难困苦，这也是诚信的表现。诚信原则面临大义和小信、公利和私义的艰难抉择时，无疑应当取其大者。

叶公语孔子曰："吾党有直躬者，其父攘①羊，而子证之。"孔子曰："吾党之直者异于是：父为子隐，子为父隐。直在其中矣。"（《论语·子路》）

注释

①攘（rǎng）：本义是推让、退让。这里是掠夺、夺取的意思。

今译

叶公告诉孔子说："我的家乡有个正直的人，他的父亲偷了人家的羊，他告发了父亲。"孔子说："我家乡正直的人和你讲的正直人不一样：父亲为儿子隐瞒，儿子为父亲隐瞒，正直就在其中了。"

时析

孔子认为"父为子隐，子为父隐"就是具有了"直"的品格。看来，他把正直的道德纳人"孝"与"慈"的范畴之中了，一切都要服从"礼"的规定。他认为，表面看来这种父子相隐是一种欺骗，是不诚实也是不正直的。但在这里的"诚"还面临着另外的重要伦理道德范畴"孝"和"慈"的挑战，既然难以抉择，远远地逃避开就是古代社会中不得已而为之的最佳选择了。这一行为正是人内心矛盾的真实反映，这种回避恐怕比揭发亲人为自己换来名声更艰难一些，因为这样做，今后就是要一直面对内心的痛苦。

见利思义，见危授命，久要不忘平生之言，亦可以为成人矣。(《论语·宪问》)

今译

看见利益，便思量着义理；看见他人遇到危险，便思量着牺牲自己的生命，不会忘记平生承诺，也就可以算是完美的人了。

时析

具体地说，就是面对利益的考验时，要想想该得不该得；遇到危险时能不怕牺牲。不管过去了多久，发生了多大变化，都不忘记以前的诺言，这就是孔子心中完美的人。

大人者，言不必信，行不必果，惟义所在。(《孟子·离娄下》)

今译

有德行的人，说话不一定句句守信，做事不一定非有结果不可，只要合乎道义就行。

时析

在《论语·子路》里，孔子与子贡讨论士的标准时已经说过："言必信，行必果，硁硁然小人哉！"这是从反面来否定"言必信，行必果"的行为。这里孟子则是从正面来告诉我们"言不必信，行不必果"。可见，孟子的学说在很多方面的确都是与孔子一脉相承的。关于"大信"与"小信"的问题，亦即"信"的通权达变问题。一方面，"信"是儒学的核心观念之一，最典型的就是孔子所说的"人而无信，不知其可也"（《论语·为政》）。但另一方面，又不能拘泥固执于"信"而不知变通。用我们所说的最为极端的情况就是，难道对你的敌人也要讲"信用"吗？所以，要根据具体情况而通权达变。通权达变的标准就是孟子这里所说的"惟义所在"。这是最基本的不能放弃的东西，也是指导我们在实际生活中应当掌握的原则。有了原则，当然就要好办得多了。

无耻者富，多信者显。（《庄子·盗跖》）

今译

无耻之人身家富裕，多信之人名声显赫。

时析

无耻之人、夸夸其谈之人往往都是不懂诚敬、不守信义者。唐代成玄英指出："多信，犹多言也。无耻贪残则富，多言夸伐则显。"也就是说无耻之人大多贪婪、残暴，为了利益无所不用，通过掠夺、欺诈积累财富。多信者则大多是夸夸其谈，好讲大话，以此吸引人们的注意力。在当今社会中，这两类人显然很多，而这样得来的荣华富贵都是虚假而短暂的。

无行则不信,不信则不任,不任则不利。(《庄子·盗跖》)

今译

没有德行就不能取得别人的信赖,不能取得别人的信赖就不会得到任用,不能得到任用就不会得到利益。

时析

这实际上要说明不守信用其实并不能得到真正的利。经济活动的目的是逐利,但利从何而来?不是来自尔虞我诈、投机取巧,而是来自诚信。这里庄子说的就是无诚信则无利可图,反过来也说明利从信中来,这种利包括一切对自己有益的东西。庸俗的人也可以理解为诚信就是金钱,就是资本,就是生生不息、滚滚而来的利。从这个角度看,诚信是一棵摇钱树。经济活动是一种社会活动,在人与人之间进行。那种封闭隔绝、自给自足的经济活动不仅遥远,而且已成过去。现代经济活动是通过社会分工、社会合作、社会交易来实现的。而贯穿并维系着社会分工、社会合作、社会交易的一个重要因素就是诚信。不诚信者,失信于人,没有人同他合作交易,被驱逐出了现代经济活动之外,何谈经济活动?经济活动不仅是利益的交换,也是心灵的互通,要把别人深藏在口袋里的血汗钱掏出来放心地交给他人绝非易事,必须以诚相待,取信于人,感动人心,让人心服。因为人们只会把钱交给那些诚实可靠、值得信赖、为之心动的人。那些夸夸其谈、妖言惑众、荒诞不经之徒,人们只能畏而远之,因为把钱交给他们无异于打水漂。

儒有不宝金玉,而忠信以为宝。(《礼记·儒行》)

今译

儒者不要把金玉当成宝物,而应把忠诚与信用当做宝贝来保持。

时析

这是儒家的义利观。儒者重德,不以金玉为宝,而以忠信为宝。因为忠信是修身养性、齐家治国的最有效的法宝。金玉财宝只能满足人一时的贪欲,生不带来死不带去,而忠信则会永久地流传。在现代生活中,由于市场经济的利益驱动,社会上出现了不少不讲诚信、缺乏信用的现象,如假冒伪劣商品、毒米毒酒事件、价格欺诈、做假账、搞假唱、打假球、吹黑哨等现象。这些不诚信的行为不但有违于道德,而且不少行为还触犯了法律,严重危害了社会的健康发展。企业不讲诚信,必然损害市场经济的健康发展,也必将影响自身的利益。企业的生产与经营只有遵守诚实守信原则,做到公平交易,才会赢得市场,获得较好的经济效益,才能保证良好的市场经济秩序,促进经济和社会的健康发展。

常之谓经,变之谓权。怀其常道而挟其变权,乃得为贤。(《韩诗外传》)

今译

经就是长久,权就是变易,怀揣恒常不变之道,携带权衡变易之术,才称得上是贤人。

时析

贤人不仅要守道坚定不移,还得善于灵活变通,能够权衡轻重缓急、利害大小。为了眼前的利益不守诚信,往往会在将来失去更大的好处。权变,就是要兼顾信义。

礼以行义,信以守礼,刑以正邪。(《左传·僖公二十八年》)

今译

通过礼来推行道义,遵守礼要坚持诚信原则,要用刑罚端正国家。

时析

礼法是外在的规范和约定,其目的是要推行道义,在推行的过程中必须坚持诚信原则。

得黄金百，不如得季布一诺。（《史记·季布栾布列传》）

今译

得到别人的一百斤黄金，还不如得到季布对人的一个承诺。

时析

季布原来是项羽的部将，后来担任汉代河东太守，这是当时人对季布的一种赞誉，表示他为人慷慨大方，信守诺言。所以人们得到季布的一个承诺，比得到大量黄金更有用。成语“千金一诺”就是从此而来，意思是一个承诺价值千两黄金。

所守者道义，所行者忠信，所惜者名节。（《欧阳修全集·朋党论》）

今译

所持守的是道德义理，所做的是忠诚信实，所爱惜的是名誉节操。

时析

诚实守信之人，面对道义不避危难，面对祸患舍生取义。只要坚持诚信，道义、名节自然就在眼前，忠诚、信义就在所保持的诚信之中。

诚信执政

德惟善政，政在养民。（《尚书·大禹谟》）

今译

圣人之德唯在实行善政，实行善政之要唯在养民。

时析

善政的内容包括正德、利用、厚生、唯和。就是穷尽物理人性，端正人的德性，充分利用自然资源，以达到使人们生活富足、人际关系和谐的目的。

任贤勿贰，去邪勿疑。（《尚书·大禹谟》）

今译

任用贤人不要对他存二心，去除邪恶要果断不犹豫。

时析

善政的主要内容之一，就是在官员的选拔任用上，要做到用人不疑、疑人不用，即对人真诚。

信不足焉，有不信焉。（《老子》第十七章）

今译

统治者的诚信不够，老百姓们也就无法相信他。

时析

目前社会上出现了一些严重的道德失范、诚信缺失的状况，社会的诚信缺失增大了社会成本，也阻碍了社会的进步和谐。如何重建人们相互的信任，社会诚信体系和制度的建立和完善是根本，将人们对强制规则的服

从转化为来自心灵的服膺，从而自觉地诚实守信，降低社会交易的成本、规则实施的成本，这也应该是构建诚实守信的社会、促进社会的稳定与和谐的一个重要方面。另一方面从政者也要取信于民，如何做到取信于民呢？其一是为官清廉，其二是秉公执法。综合起来，就是政府、官员首先必须树立诚信形象，取信于民；其次就是要建立完善的市场机制，推行宪政民主，培养契约文明观念，在全社会建立普遍的信用制度体系。

圣人无常心，以百姓心为心。善者，吾善之；不善者，吾亦善之。德善。信者，吾信之；不信者；吾亦信之。德信。圣人在天下，歙歙[①]焉，为天下浑其心，百姓皆注其耳目，圣人皆孩之。（《老子》第四十九章）

注释

①歙歙（xī）：本义是吸气或通过呼吸吸入。这里形容和谐、融洽的样子。

今译

圣人没有私心，以百姓的心意为心意。百姓以为善良的人，我就以善良对待之；百姓以为不善良的人，我也以善良对待之，于是一个时代的品德就将同归于善良。百姓以为诚实的人，我就以诚实对待之；百姓认为不诚实的人，我也以诚实对待之，于是一个时代的品德就将同归于诚实了。圣人为政于天下，要谨慎收敛啊，使天下人的心，归于一体。百姓都在倾注耳目，追求知识，而圣人则使他们无知无欲，保持孩童般的善良诚实。

时析

讲信用的人，我信任他。不讲信用的人，我也信任他。要做到前者比较容易，后者就比较难。对不讲信用的人，为什么也要信任他呢？因为圣人对所有的人都是平等地看待，每个人身上都是既有优点也有缺点，诚信者固然可爱，对失信之人也不应歧视，给他充分的信任，让他体会诚信带来的满足，自然会逐渐地改善，整个社会就会在和谐而自然的情况下进步。

政者，口言之，身必行之。（《墨子·公孟》）

今译

处理政务，嘴里说了，就必须亲自实行。

时析

为政的官员们，必须言行一致，以身作则，说到做到。官员们之所以不被信任，最大的问题就在于空口白话，事先许下种种诺言，最后却食言而肥。这些人要么是不自量力，要么就是存心误导、欺诈，不仅反映其在诚信上的欠缺，也说明其执政能力的不足。

子曰："道千乘之国，敬事而信，节用而爱人，使民以时。"（《论语·学而》）

今译

孔子说："治理拥有一千辆兵车的国家，就要严肃认真地对待工作，要恪守信用，诚实无欺，节约财政开支，而又爱护官吏臣僚，役使百姓要注意不误农时。"

时析

恪守信用，节约用度，爱护官吏，役使百姓应注意不误农时等，这是治国安邦的基本点。尤其是对待所从事的事务要谨慎专一、兢兢业业。

曾子曰："慎终，追远，民德归厚矣。"（《论语·学而》）

今译

曾子说："谨慎地对待父母的去世，追祭历代的祖先，自然会使老百姓的道德日趋忠厚老实了。"

时析

孔子并不相信鬼神的存在，他说"敬鬼神而远之"，就证明了这一点。尽管他没有提出过人死之后有所谓灵魂的存在这种主张，但他却非常重视丧祭之礼。在孔子的观念中，祭祀已经被异化，不单是祭祀亡灵，而是把祭祀之礼看做一个人孝道的继续和表现，通过祭祀之礼，可以寄托和培养个人对父母和先祖尽孝的情感。儒家重视孝的道德，是因为孝是忠的基础，一个不能对父母尽孝的人，他是不可能为国尽忠的。所以忠是孝的延伸和外化。关于忠、孝的道德观念，在《论语》中时常出现，表明儒家十分重视忠孝等伦理道德观念，希望把人们塑造成有教养的忠孝两全的君子。这是与春秋时代宗法制度相互适应的。只要做到忠与孝，那么，社会与家庭就可以得到安定。

子贡问政。子曰："足食，足兵，民信之矣。"子贡曰："必不得已而去，于斯三者何先？"曰："去兵。"子贡曰："必不得已而去，于斯二者何先？"曰："去食。自古皆有死，民无信不立。"（《论语·颜渊》）

今译

子贡问怎样治理政事。孔子说："粮食充足，军备充足，老百姓信任统治者。"子贡说："如果迫不得已一定要去掉一项，在三项中先去掉哪一项呢？"孔子说："去掉军备。"子贡说："如果迫不得已还要再去掉一项，那么这两项中去掉哪一项呢？"孔子说："去掉粮食。自古以来人总是要死的，失去人民的信任，那么国家就无法存在。"

时析

孔子回答了子贡问政中所连续提出的三个问题。孔子认为，治理一个国家，应当具备三个起码条件：食、兵、信。这三者当中，信是最重要的。这体现了儒家对信用在政治上的重要性的认识。只有足够强大的军队和富足的粮食，而百姓对统治者却不信任，那这样的国家也是不能长久存在下去的。

樊迟请学稼。子曰:"吾不如老农。"请学为圃。曰:"吾不如老圃。"樊迟出。子曰:"小人哉,樊须也!上好礼,则民莫敢不敬;上好义,则民莫敢不服;上好信,则民莫敢不用情。夫如是,则四方之民襁[①]负其子而至矣,焉用稼?"(《论语·子路》)

注释

①襁(qiǎng):本义是婴儿的被子或布幅。这里作动词,指以布幅包裹幼儿。

今译

樊迟向孔子请教如何种庄稼。孔子说:"我不如老农。"樊迟又请教如何种菜。孔子说:"我不如老菜农。"樊迟退了出来。孔子说:"樊迟真是小人!在上位者只要重视礼,老百姓就不敢不敬畏;在上位者只要重视义,老百姓就不敢不服从;在上位的人只要重视信,老百姓就不敢不用真心实意来对待你。要是做到这样,四面八方的老百姓就会背着自己的小孩来投奔,哪里用得着自己去种庄稼呢?"

时析

孔子毫不客气地指责想学种庄稼和种菜的樊迟是小人,可以清楚地看出他的教育思想。他认为,在上位的人不需要学习种庄稼、种菜之类的具体知识,只要重视礼、义、信也就足够了。他培养学生,不是为了以后去种庄稼、种菜,而是为了从政为官。在孔子时代,接受教育的人毕竟是少数,劳动者只要有充沛的体力就可以从事农业生产,而教育的目的,就是为了培养从政治国的知识分子。所以,孔子的教育目的并不是为了培养劳动者。这在当时的历史条件下有其相对的合理性。

子路问事君。子曰:"勿欺也,而犯之。"(《论语·宪问》)

今译

子路问怎样侍奉君主。孔子说:"不能欺骗他,但可以犯颜直谏。"

时析

古人的忠君思想其实也是诚信精神的体现。之所以会冒犯他人，当然是因为不吐不快，对各种不合理的现象进行批判，不怕得罪别人，这种正直的人就像一面镜子，时刻提醒自己犯下了什么过失，应当如何改进。

子张问仁于孔子。孔子曰："能行五者于天下为仁矣。""请问之。"曰："恭，宽，信，敏，惠。恭则不侮，宽则得众，信则人任焉，敏则有功，惠则足以使人。"(《论语·阳货》)

今译

子张向孔子问什么是仁。孔子说："能够处处实行五种品德，就是仁。"子张问："是哪五种？"孔子说："庄重，宽厚，诚实，勤敏，慈惠。庄重就不致遭受侮辱，宽厚就会得到众人的拥护，诚信就能得到别人的任用，勤敏就会提高工作效率，慈惠就能够役使别人。"

时析

诚实守信的人最容易得到别人的信赖，人人都愿意和这样的人工作、交往。

子夏曰："君子信而后劳其民；未信，则以为厉己也。信而后谏；未信，则以为谤己也。"(《论语·子张》)

今译

子夏说："君子必须取得百姓的信任之后才去役使百姓，如果没有得到信任就这样做，百姓就会以为是在虐待他们。要先取得信任，然后才去进谏，没有得到信任就这样做，(君主)就会以为你在诽谤他。"

时析

如果相互之间缺乏信任，同样的行为给人的感觉就完全相反了，就会影响事情发展的结果，所以，诚信是工作、交往顺利的最佳保证。要治理好国家，就必须树立政治信用。因为没有政治信用，在办理政事中，无论是使下还是事上，其效果都不会好。君子要用人必须首先取信于人，如果还没有取得别人的信任就想寻求别人的帮助，人家会以为你要骗他。要想得到别人的信任，首先要学会在言语上知礼敬人。

孟子曰："居下位而不获于上，民不可得而治也。获于上有道，不信于友，弗获于上矣。信于友有道，事亲弗悦，弗信于友矣。悦亲有道，反身不诚，不悦于亲矣。诚身有道，不明乎善，不诚其身矣。"(《孟子·离娄上》)

今译

孟子说："职位卑下，又得不到上级的信任，是不能够把百姓治理好的；要得到上级的信任有它正确的方法，首先要得到朋友的信任，若是得不到朋友的信任，也就得不到上级的信任了。要使朋友相信有它正确的方法，首先要得到父母的欢心，若是侍奉父母而不能使父母心欢，朋友也就不相信了。要使父母心欢有它正确的方法，首先要诚心诚意，若是反躬自问，心意不诚，也就不能使父母心欢了。要使自己诚心诚意也有它正确的方法，首先要明白什么是善，若是不明白什么是善，也就不能使自己诚心诚意了。"

时析

孟子的这段话其实都是在说做人贵在一个"诚"字。诚实是天道的法则，做到诚实是人道的法则，天生诚实的人，不必勉强为人处世之理，不必思索言语行动得当，从容不迫地达到中庸之道，这种人就是圣人。圣人就是将天道与人道合一实行的人。如何使做人、做事成功呢？就是要经常反思自身是不是做到了"诚"，诚于人、诚于己、诚于心。

凡为天下国家有九经，所以行之者一也。(《礼记·中庸》)

今译

大凡治理天下国家有九项原则，但是用来实行这些原则的方法却只有诚实一种。

时析

朱熹指出，人如有不诚，所有的规则就都是虚文。治理国家应当遵守的原则很多，这些原则在不同的情况下，也要求采用不同的实行方式。那么怎么实行？如何选择最恰当的方法就变得十分重要。但只要本着对百姓诚实负责的态度，不夹杂任何的私欲，这种一心为公的赤诚之心会使复杂的事情也变得简单一些。

唯天下至诚，为能尽其性；能尽其性，则能尽人之性；能尽人之性，则能尽物之性；能尽物之性，则可以赞天地之化育；可以赞天地之化育，则可以与天地参矣。（《礼记·中庸》）

今译

只有坚持至诚原则，才能充分发挥自己善良的天性。能够充分发挥自己善良的天性，就能感化他人、发挥他人的善良天性；能够发挥一切人的善良天性，就能充分发挥万物的善良天性；能够充分发挥万物的善良天性，就可以参与天地化育万物，便达到了至仁至善的境界；达到了至仁至善的境界，就可以同天地并列为三了。

时析

至诚尽性的原则是实行中庸之道的重要原则。坚持至诚尽性原则就能达到至仁至善的理想境界，达到了这一理想境界也就找到了自己在宇宙间的真正位置。只有诚敬到极处，才能把自性发挥出来；自性发挥出来，就能发挥所有人的德性；人的德性发挥出来，天下所有的物质的性能都能施展；物质的性能开发出来，就可以帮助天地化育万物；有了帮助天地的能力，就可以与天地具有同等地位了。学习中一分诚敬一分收获，这里讲诚的作用，一步一步递进，最后达到天、地、人三才合一，人为三才之灵，能得到这样的结果，就是学习中庸的目标。现在为什么达不到，是因为诚敬心不够，诚敬心被染污了。

其次致曲，曲能有诚，诚则形，形则著，著则明，明则动，动则变，变则化，唯天下至诚为能化。（《礼记·中庸》）

今译

其次，在局部的小事情上下工夫，在局部的小事上下工夫也能达到诚。达到诚了，就会表现出来；表现出来了，就会显著；显著了，就会光明；光明了，就能感动人心；感动人心了，就可以使人转变；使人转变了，就能化育万物。唯有天下至诚的圣人，才可以化育万物。

时析

君子之诚，由后天习染教化而成，从局部做起。虽然是从局部渐起，只要一步一步努力，则可以由曲而全，由弱而强，由内而外，亦可达到一般"诚"的状态，最后乃至于达到"至诚"的圣人境界。君子之诚由小处做起，可能会走弯路，但也能达到诚，使诚信表现出来。如果能再进一步坚持不懈，再进一步地感动、改变周围的人，经过一系列择善固执的努力，亦可达到浑然天成的圣人之诚。

唯天下至诚，为能经纶天下之大经，立天下之大本，知天地之化育。夫焉有所倚？肫肫[①]其仁！渊渊其渊！浩浩其天！苟不固聪明圣知达天德者，其孰能知之？（《礼记·中庸》）

注释

①肫肫（zhūn）：形容词，像肉一样，很敦厚。这里是恳切、真挚的意思。

今译

只有天下最真诚的人，才能制定治理天下的法则，树立天下的根本，通晓天地化育万物的道理。除了诚,还有什么可依傍呢?他的仁道是那样的诚恳纯粹,他的智慧是那样的深邃渊博,他的天性是那样的浩瀚广大。如果不是本来就聪明、智慧、通达天赋美德的人,那么还有谁能知道天地至诚之道呢?

时析

儒家认为,只要自己的诚性得以实现,就能成就万事万物,而不仅仅是"自成"的问题了。这也说明事物能否成就是由人来决定,突出了人的主体地位。

至诚之道,可以前知。国家将兴,必有祯[①]祥;国家将亡,必有妖孽;见乎蓍龟,动乎四体。祸福将至:善,必先知之;不善,必先知之。故至诚如神。(《礼记·中庸》)

注释

①祯(Zhēn):吉祥。

今译

具备至诚之道的人可以预知未来。国家将要兴盛的时候,一定有祯祥这种吉兆;国家将要衰亡的时候,一定有妖孽这种凶兆。凶吉之兆可以通过占卜的蓍草和龟甲表现出来,也可以从人的四肢之中表现出来。祸与福将要来到,是吉,一定可以预先知道;是凶,也一定可以预先知道。所以,至诚的人犹如神一般。

时析

人能达到至诚的境界,凡事兴衰败亡一定有预兆,有人将这种吉凶的预兆斥之为迷信、先验论。事物运行变化有它自然的规律,事物运行过程中有诸多征兆,属于极为正常之事。事物发展不论吉凶祸福,都有一定的征兆。至诚之人能与日月合其明,与天地息息相通,自然能窥见"祯祥"之征,自然能感知兴盛之兆。例如,国家要灭亡,就会灾难频频,战祸连连,人才奔散，人口凋敝，民不聊生，皆是“妖孽”之状。而真正达到了诚的境界是会遇到很多不可思议的效果，对这些征兆有清醒的认识和判断，就可以先知，事实上就是可以预知事物未来的发展趋势。在一般人眼中他们就显得十分神奇了。

古之欲明明德于天下者，先治其国；欲治其国者，先齐其家；欲齐其家者，先修其身；欲修其身者，先正其心；欲正其心者，先诚其意；欲诚其意者，先致其知；致知在格物。物格而后知至，知至而后意诚，意诚而后心正，心正而后身修，身修而后家齐，家齐而后国治，国治而后天下平。自天子以至于庶人，壹是皆以修身为本。其本乱而末治者否矣，其所厚者薄而其所薄者厚，未之有也。此谓知本，此谓知之至也。（《礼记·大学》）

今译

古时候，要想使美德显明于天下的人，先要治理好他的国家；要想治理好自己国家的人，一定要先治理好自己的家族；要想治理好自己家族的人，一定要先努力提高自身的品德修养；想要提高自身品德修养的人，必须先端正自己的内心；想要端正自己的内心，必先使自己的意念诚实；想要使自己的意念诚实，必先达到认识明确，而达到认识明确的方法就在于推究事物的原理。

只有推究事物的原理，而后才能达到认识明确；只有达到认识明确，而后才能意念诚实；只有意念诚实，而后才能心思端正；只有心思端正，而后才能提高自身的品德修养；只有提高了自身的品德修养，而后才能管理好家族；只有管理好家族，而后才能治理好邦国；只有治理好邦国，而后才能使天下太平。从天子开始，一直到下面的老百姓，一律都要把自身的品德修养作为根本。一个人，他自身的品德修养这个根本败坏了，却要做到家齐、国治、天下平，那是不可能的。正如他所尊重的人反而轻蔑他，他所轻蔑的人反而尊重他，这样的事情是从来不会有的。这就叫做认识根本的道理。这就叫做认识的彻底，即是进入“知”的最高境界。

时析

我们明白了这个道理，明白了因果的法则，我们的心意就会变得诚实。所谓意诚，就是《大学》里面讲的不自欺，即自己不欺骗自己。我们不明白道理的时候，常常不懂装懂，要做自欺欺人的事情。当我们给自己找借口的时候，实际上就是自欺的过程。有了自欺，就有欺人，有了欺人就有被人欺，这是一种因果关系。当意诚了以后这个心态就端正了，心态端正也就是我们的心时时有正念，不会被邪念左右，这个心态就正了。心正而后身修。身是我们的心的外化，我们的心修了，这个身肯定起变化。随着品德的不断提高，这个身体因为正直坦率的行为而显示出强大的、感化他人的力量，这就叫身修。所以心是先动，心动了最后就表现在身上。所以心正以后，身就修了。然后由修身再往外扩大，就能改变一个家。在古代指一个大的家族，那么家族中的每个人因为德行的提高，互相感染，家族关系就会整顿得很好，国是由一个一个的家组成的，它又更加地扩大了所有的家族都和睦幸福，国家自然和平、和谐。所以内圣必定导向外王，到这里为止，前面知至而后意诚，意诚而后心正，心正而后身修，这部分就是自觉的过程。后面家齐、国治，这是觉他。“古之欲明明德于天下者”，就是去帮别人明白道理，这个帮别人明白道理的人，就叫圣人。

君子有大道，必忠信以得之，骄泰以失之。（《礼记·大学》）

今译

国君要具有在道德上起示范作用的大道理，就必须以忠诚仁义的态度去获得它。如果态度骄恣放纵，那就会失掉它。

时析

信与诚，与忠相通。中国传统道德中的“信”的概念，与我们所说的守信概念大体相当。诚实守信中的守信，说的就是遵守诺言。遵守诺言要求忠于自己的诺言，忠于自己的诺言就会遵守自己的诺言，所以信必有忠，忠能达信。怎样才能真正做到忠于自己的诺言呢？这就要求在许诺的时候必须实事求是，心中有数，是以一种真诚之心来许诺，许的是真诚之诺。许诺时绝无欺骗之心，绝无食言之想。所以对于守信的人来说，真诚是必备条件。反过来说，只有立足于真诚，才能守信。这就是忠、诚、守信三者相通的道理。能不能做到守信，表现出一个人的综合道德素质。

大道之行也，天下为公，选贤与能，讲信修睦。（《礼记·礼运》）

今译

大道施行的时代，天下是公有的，选举贤德和有才能的人，讲求信用，修整人之间的关系而至和睦。

时析

儒家学者认为，最理想的社会形态中，人际交往的基本原则就是诚实守信，这也是推动社会和谐发展的重要因素。诚信有助于建立和谐的人际关系，保证正常的社会生活秩序，是家庭和睦、人际关系和谐，乃至社会安定团结的重要保证。在一个普遍诚实守信的社会里，人们之间的信任度高，凝聚力强，就能够减少社会生活中的矛盾、摩擦和冲突。

讲信修睦，尚辞让，去争夺，舍礼何以治之？（《礼记·礼运》）

今译

讲习忠信和睦，崇尚谦让，戒除争夺的，除了礼制又有什么可以用来整治天下呢？

时析

要在人际交往中做到诚实守信、和睦相处、谦虚礼让，不是单单依靠个人的觉悟就能做到的，是要整个社会都达到这种要求。更不能只凭自觉，必须制定一定的规则，以此来规范、约束、调整人际交往中出现的各种内在和外在的矛盾。

苟无礼义忠信诚悫之心溢以之，虽固结之，民其不解乎！（《礼记·檀弓下》）

今译

如果不用礼义、忠信及诚恳之心对待百姓，即使百姓勉强团结在一起，难道他们就不会离散了吗！

时析

缺乏忠诚礼义的联盟都是短暂的，因为这样的团体组合是以利益为纽带的，内部的矛盾不能通过相互之间的宽容、真诚加以协调，一旦发生利益冲突，必然崩溃，外交上的联盟更是这样。所以丘吉尔说，国与国之间，没有永远的朋友，也没有永远的敌人。

忠信以为甲胄，礼义以为干橹①。（《礼记·儒行》）

注释

①橹（lǔ）：大盾。

今译

把忠诚信用当做盔甲，把礼义当做盾牌。

时析

儒者将忠信的品德当做像铠甲一样的护身装备，把遵循礼义当做像盾牌一样的防御装备。一切行动，都遵从于仁义。即使遇到暴虐的政治，也不改变自己的操守。

孟子曰："不信仁贤，则国空虚；无礼义，则上下乱；无政事，则

财用不足。”(《孟子·尽心下》)

今译

孟子说:“不信任仁德贤能的人,那么国家就会空虚;没有礼义,上下级的关系就会混乱;没有好的政治,国家的财富用度就会不够。”

时析

管理国家,往往越是有才能的人越容易受到猜忌,这就是君臣之间缺乏真诚的信任。君不信臣,就会加以掣肘;臣不信君,就会有所保留,不能尽忠。君臣间的勾心斗角,就会把百姓当成牺牲品。

景公问晏子曰:“临国莅民,所患何也?”晏子对曰:“所患者三:忠臣不信,一患也;信臣不忠,二患也;君臣异心,三患也。是以明君居上,无忠而不信,无信而不忠者。是故君臣同欲,而百姓无怨也。”(《晏子春秋·内篇问上》)

今译

景公问晏子说:“统治国家管理人民,最忧虑的是什么呢?”晏子回答说:“忧虑的事情有三件:忠臣不受信任,这是第一件忧虑的事情;受信任的臣子不忠,这是第二件忧虑的事情;君臣不同心同德,这是第三件忧虑的事情。因此英明的君主居上位,没有忠臣不受信任的,没有受信任的臣子不忠的。因此君臣同心同德,而百姓就没有怨恨了。”

时析

君臣关系的核心在于如何获得对方的忠诚、信任。只有上下一心,上级的各项法令和政策才能得到很好的贯彻执行,下级在工作中面临具体问题或困难时所采取的灵活措施才能得到理解和支持。

上壹则信;信则臣不敢为邪。(《商君书·垦令》)

今译

国家的赋税制度统一，就有了信用。有了信用，百官就不敢舞弊。

时析

规章制度、行政措施的协调统一，是树立管理者信用的关键环节。在法家看来，完善法令制度，坚持贯彻执行，是树立君主威信、杜绝各种营私舞弊行为的最佳方法。

国之所以治者三：一曰法，二曰信，三曰权。法者，君臣之所共操也；信者，君臣之所共立也；权者，君之所独制也，人主失守则危。君臣释法任私必乱。故立法明分，而不以私害法，则治。权制独断于君则威。民信其赏，则事功成；信其刑，则奸无端。惟明主爱权重信，而不以私害法。（《商君书·修权》）

今译

治国有三个要素：第一是法度，第二是信用，第三是权柄。法度是君臣共同遵守的东西。信用是君臣共同树立的东西。权柄是国君单独掌握的东西。国君失掉权柄，就很危险。君臣抛弃法度，听任私意，必定混乱。建立法度，明确分界，不以私意损害法度，国家就会治理得很好。权柄由国君运用裁断，国君就有威严。人民相信朝廷的赏赐，功业就会有所成就；相信朝廷的刑罚，奸邪就不可能产生。只有明君才爱护权柄，重视信用，而不以私意损害法度。

时析

法律、信用、权力，这三个要素的共同点就是要树立起统治者的权威，法律、权力都是强制性的，而信用则完全是要靠自己的道德修养才能建立，靠统治者的自觉。这不仅在其个人生活中，更是要在行政管理过程中坚持不懈地努力才能逐渐积累起来。

先王贵诚信，诚信者，天下之结也。（《管子·枢言》）

今译

古代的贤王重视诚信。诚信，是天下万民的枢纽；坚守诚信，是为了团结、稳定天下的民心。

时析

诚信，是做人处事的基本原则，又是治理国家必须遵守的规范，调节着人与人之间的关系，维系着社会秩序。在我国传统儒家伦理中，诚信是被视为治国、平天下的条件和必须遵守的重要道德规范。古代的圣贤哲人把诚信作为一项崇高的美德加以颂扬，有诸多阐述，把诚实和信用作为人与人发生关系所要遵循的基本道德规范。

体恭敬而心忠信，术礼义而情爱人，横行天下，虽困四夷，人莫不贵。劳苦之事则争先，饶乐之事则能让，端悫诚信，拘守而详，横行天下，虽困四夷，人莫不任。体倨固而心执诈，术顺、墨而精杂污，横行天下，虽达四方，人莫不贱。劳苦之事则偷儒转脱，饶乐之事则佞兑而不曲，辟违而不悫[①]，程役而不录，横行天下，虽达四方，人莫不弃。（《荀子·修身》）

注释

①悫（què）：诚实、谨慎的意思。

今译

体貌恭敬而内心忠信，行动遵从礼义而仁民爱物，这样的人走遍天下，虽然困顿在远方，人们没有不认为他尊贵的。遇到劳苦的事情，就争先恐后；遇到快乐的事情，就让给别人；端谨、诚信，拘守身心而举止善良；这样的人走遍天下，虽然困顿在远方，人们没有不信任他的。体貌骄傲、固执而内心虚伪奸诈，行动柔顺、晦暗而情感纷杂、污秽，这样的人走遍天下，虽然显达在四方，人们没有不轻贱他的。遇到劳苦的事情，就退缩偷懒；遇到快乐的事情，就不顾体面地向前直冲；邪僻而不谨慎，轻贱而不善良；这样的人走遍天下，虽然是显达在四方，人们没有不抛弃他的。

时析

道德仁义礼乐以及修齐治平等，都必须以忠信为主来施行，否则都是假的。国君骄纵放肆，无所顾忌，大臣就要争权夺利，像这样即使能够一时得势，但多次打仗，国家就会被弄得疲惫衰败，士兵不能忍耐；百姓怨恨国君，大臣内部发生变乱，统治必不能长久。所以君主、大臣必须心怀忠信，对国家、百姓以诚相待，坚持道德底线不放松，以忠诚、信义立身处世，切不可玩弄权术、阴谋。修身不是一件容易的事，无论圣人、君子还是士，要达到完满的境界，就必须不休不辍地提高修养。

公生明，偏生暗，端悫生通，诈伪生塞，诚信生神，夸诞生惑。此六生者，君子慎之，而禹桀所以分也。（《荀子·不苟》）

今译

公正会产生聪明，偏私会产生愚昧；端正谨慎，就产生通达；欺诈虚伪，就产生闭塞；诚信，就产生神明；大言自夸，就产生惑乱。这六种“产生”，便是君子要谨慎对待，也是禹和桀不同的地方。

时析

公正廉明是儒家提倡的一种政治理想，它是建立在仁爱诚信的基础上的。强调作为一国之君，首先要以德服天下，这样才能处事公正，明辨是非。诚实守信可以如神明一般，对各种问题能够应付自如，不会轻易被外物侵扰、欺骗。

圣人为知矣，不诚则不能化万民。（《荀子·不苟》）

今译

圣人固然是无所不晓，但是不真诚也不能感化万民。

时析

管理百姓最重要的是对他们要诚实、守信用。要能够体恤他们的困难,不会随便牺牲他们的利益,否则不管是什么人都没有办法去教化他们。

用国者,义立而王,信立而霸,权谋立而亡。三者明主之所谨择也,仁人之所务白也。(《荀子·王霸》)

今译

掌握国家的人,树立了礼义,就成为王者;树立了信用,就成为霸者;树立了权谋,就遭到灭亡。这三者,是英明的君主所慎重选择的,是仁人所必须明白的。

时析

管理众多的百姓,处理复杂的矛盾,必须以信义为先,这样才能得到别人的信任,不会因为复杂的人际关系、利益冲突丧失管理者本该持有的公平、公正立场。否则,滥用权术、阴谋,只会失掉人们的拥护,使事情变得更加复杂,矛盾更加尖锐。诚信为政,可以取信于民,政通人和。倘若言而无信、掩人耳目、弄虚作假,社会就无从安定。古有"欺君之罪","欺君"不仅是冒犯尊严,而且会误导决策,祸国殃民。"欺民"更是不可,要知道水可载舟,亦可覆舟,必须谨慎小心。中国古代有商鞅立木树信的佳话,为秦国的统一奠定了基础;也有周幽王为博美人一笑而烽火戏诸侯,不讲诚信而自食恶果。

故齐桓、晋文、楚庄、吴阖闾、越勾践,是皆僻陋之国也,威动天下,强殆中国,无它故焉,略信也。是所谓信立而霸也。(《荀子·王霸》)

今译

齐桓公、晋文公、楚庄王、吴王阖闾、越王勾践,虽然都是处于僻陋之国，但他们的威名足以震动天下，他们的强盛足以危害中国。这并没有别的原因，就是由于他们坚持信。这就叫做树立了信用而成为霸者。

时析

以道治国则大安、大荣。治国的方法有三：义、信、权谋，三者的作用各不相同，只有以义治国才能征服天下。义即礼义，也就是道。齐、越等春秋霸国虽地处偏僻却强盛起来，是讲信的缘故，可见荀子把信放在何等重要的地位。荀子将信加以推广，突破朋友、交际等道德伦理的局限，应用于选拔人才、治理国家，使之成为君臣上下皆应遵循的道德规范。德义虽然不能服人心，但政令公开，且令出必行，自然得到臣民及盟国的信任，敌国不敢轻侮，就是霸道，如"春秋五霸"便是。如果目光如豆，只求近利，不讲信义，上下相欺，国家一定危亡，如齐湣王便是如此。

挈国以呼功利，不务张其义，齐其信，唯利之求，内则不惮诈其民，而求小利焉；外则不惮诈其与，而求大利焉，内不修正其所以有，然常欲人之有。如是，则臣下百姓莫不以诈心待其上矣。上诈其下，下诈其上，则是上下析也。如是，则敌国轻之，与国疑之，权谋日行，而国不免危削，綦之而亡，齐闵、薛公是也。（《荀子·王霸》）

今译

用功利约束国人，不务求张大本国的正义、建立本国的诚信，只是唯利是图；对内无所顾忌地诈骗人民，而贪求小利；对外无所顾忌地诈骗友邦，而贪求大利；对内不去修正自己致使自身富有的本原，却经常贪得无厌地贪图别人的富有。这样，臣下和百姓就没有不用诈骗心情来对待他们的君上的。君上诈骗自己的下民，下民诈骗自己的君上，这上下自然也就分崩离析了。这样，敌国就要轻视，友邦就要怀疑，天天施行权谋，而国家也就不免陷于危弱，甚至于遭到灭亡，就如齐王和薛公一样。

守信

时析

荀子的这段话用来描述当今社会的诚信危机是最贴切不过的。在现在许多人的眼中,除了利益是真的,其他似乎一切都是虚的。一些人为了各自的利益,相互欺诈,丧失职业道德,违反行业规范,以满足自己为目的的功利性追求。这种现象是相当普遍的。但我们也不能放弃非功利性的追求,如何才能实现两者的统一呢?就在于诚信,即在追求功利的过程中坚持诚信原则。

与积礼义之君子为之则王,与端诚信全之士为之则霸,与权谋倾覆之人为之则亡。三者明主之所以谨择也,仁人之所以务白也。(《荀子·王霸》)

今译

同积蓄礼义的君子一起治理国家,就成为王者;同诚信的儒士一起治理国家,就成为霸者;同权谋倾覆的人一起治理国家,就会亡国。这三者是明君所慎重选择的,是仁人所必须明白的。

时析

治国不仅要遵循正确的方法,还要选择合适的官员来施政,否则正确的政策得不到正确的执行,反而会使国家更加地混乱,因此一定要选择品德高尚、诚实守信的人来辅佐自己。

故上好礼义,尚贤使能,无贪利之心,则下亦将綦辞让、致忠信,而谨于臣子矣。(《荀子·君道》)

今译

所以,国王喜好礼义,使用贤能,没有贪利之心,下层也就会讲究辞让,推广忠信,而谨守于为臣子之道了。

时析

明天理,达人情,以身率正,知人善任之君才能统率天下,达到天下大治。礼是人君治国的重要武器,一切事物依照礼来评断、制约,国家就好管理了。治国的另一个重要原则,就是人君要做出的表率,加强自身德行的修养。

忠信端悫而不害伤,则无接而不然,是仁人之质也。忠信以为质,端悫以为统,礼义以为文,伦类以为理,喘而言,臑①而动,而一可以为法则。(《荀子·臣道》)

注释

①臑(ér):通“胹”。煮,煮烂的意思。引申为缓慢蠕动的样子。

今译

忠信、端谨,而且不伤害别人,对于所接触的地方没有不是这样的,这便是仁者的本质。把忠信作为本质,把端谨作为纲纪,把礼义作为法度,把伦理作为条理,端端庄庄地说话,和和缓缓地行动,都可以作为别人的表率。

时析

大臣事君所采取的原则,应首先看君主是明君还是暴君。对于明君,大臣只要顺从其意即可;不得已而侍奉暴君,大臣则应言君主之所长,不言其所短,做到柔而不屈,有机会则晓以为君之道。作为大臣,应该做到顺、敬、忠。荀子对此三者作了详细的阐述。就其对现代社会所言,国与国之间,人与人之间,仁、义、礼、信也是不可缺少的。

古者禹汤本义务信而天下治,桀纣弃义背信而天下乱。故为人上者,必将慎礼义、务忠信然后可,此君人者之大本也。(《荀子·强国》)

今译

古代圣王禹、汤，坚持道义、讲求诚信而天下大治；暴君桀、纣，背信弃义而天下大乱。所以，作为国君一定要谨慎地实行礼义、追求忠信，然后才能治国。这是管理百姓之人最基本的原则。

时析

诚信是治国之本，治理国家、统率万民，必须得民心，只有诚信才能得到百姓的信赖，因此为人君者必须讲求诚信。

节威反文，案用夫端诚信全之君子治天下焉，因与之参国政，正是非，治曲直，听成阳，顺者错之，不顺者而后诛之。若是，则兵不复出于塞外，而令行于天下矣。若是，则虽为之筑明堂于塞外而朝诸侯殆可矣。假今之世，益地不如益信之务也。（《荀子·强国》）

今译

节减威武强横，恢复文治，要任用端诚纯信的君子，来治理天下。同他们参谋国政，辨正是非，处理曲直，听政于咸阳（指秦中央政府）顺从的国家，就安置他们；不顺从的国家，就讨伐他们。这样，大军就不必再出发塞外，而命令就足以通行于天下了。这样，就等于是给秦国在塞外筑起明堂，来接见朝见的诸侯罢了。而现今这个时代，当务之急，增添土地，不如增添信用啊。

时析

荀子建议秦国的统治者应当“节威反文”，任用忠诚守信之人治理国家，可以增强百姓的信任，树立政府的威信，这比穷兵黩武、一味扩张领土更加重要。

政令信者强，政令不信者弱。（《荀子·议兵》）

今译

政令讲究信用的，国家就强盛；政令不讲究信用的，国家就衰弱。

时析

儒家的最高理想是治国、平天下，治国必须强兵，强兵才能保国安民。假若政策朝令夕改，百姓、兵士不知所从，势必丧失一国之威信，致使军心涣散，遇到强敌，一击即溃，所以说政令公平、公正执行者的政府就会强大。

故制号政令，欲严以威；庆赏刑罚，欲必以信；处舍收藏，欲周以固；徙举进退，欲安以重，欲疾以速；窥敌观变，欲潜以深，欲伍以参；遇敌决战，必道吾所明，无道吾所疑：夫是之谓六术。（《荀子·议兵》）

今译

所以法制、政令，要求做到严格而有威信；庆赏、刑罚，要求做到公平、公正；驻军、仓库，要求做到周密而牢固；转移、进退，要求做到安泰而稳重，急疾而迅速；侦探敌情，观察变动，要求发现幽隐而深入、错综而复杂的事情；遇到敌情，决定战略，必定要根据我们所明了的，而不要根据我们所怀疑的，这就叫做治军的六种方法。

时析

荀子把信作为治兵的方法之一，因为赏罚必须施之以信，才能服众，令行禁止。

君无信，臣惧不免。（《左传·襄公二十六》）

今译

君主没有诚信，臣子就会担心难以避免祸乱。

时析

治国者不守诚信，朝令夕改，没有原则，臣子、百姓必然无所适从，时刻都会担心自己的作为是否恰当，不知道应该如何承担责任，避免过错。一旦祸患发生，没有人来支援自己，就必定会灭亡。对君主来说重诺守信十分重要，同样，对父子、夫妇、朋友，甚至陌生人来说也是这样。如果我们对别人许下诺言，就须认真对待，对自己的承诺负责，切勿掉以轻心，失信于人。在平日待人处事时，先从小事开始做起，然后对家人、朋友信守承诺，以诚信待人。

无转其信，虽危不动。贞信以昭，其乃得人。上危而转，下乃不亲。（《逸周书·大戒》）

今译

主上不抛弃自己的信用，臣下即使有危险也不会动摇；坚定而诚心招揽，就能得到所求的人才。主上遇到危险而动摇，臣下就不亲近他。

时析

这是说领导者无论何时何地，都必须坚持诚信，才能得到下属的忠心拥护和爱戴。

言有三信，信以生宝，宝以贵物。美好宝物无常，维其所贵，物周为器，信无不行。①……三信：一，春生夏长无私，民乃不迷；二，秋落冬杀有常，政乃盛行；三，人治百物，物德其德，是谓信极。（《逸周书·宝典》）

注释

①此句原次序为“物周为器。美好宝物无常，维其所贵，信无不行。”文意不通，故据黄怀信《逸周书校补注译》改。

今译

言语有三信。信可以生宝，宝可以贵物。美好的宝物没有固定不变的，只在于它是否被人珍视。物品要全部为人所用，信用要无处不行……

三信是:一,养生殖财的政令公正无私,百姓就不迷惑;二,赏罚有定规,政教就盛行;三,君治万民,民感其德,这叫做信极。

时析

这是武王对周公的告诫,讲君主修身的原则,就是要谨慎、守信。从自然界之诚信引申到人之诚信,认为信义就是最宝贵的珍宝。这是告诫管理者不可迷信权术,行政应当公正无私、赏善罚恶、以德治国。

父子之间,观其孝慈;兄弟之间,观其和友;君臣之间,观其忠惠;乡党之间,观其诚信。省其居处,观其义方;省其丧哀,观其贞良;省其出人,观其交友,省其交友,观其任廉。[①]设之以谋,以观其智;示之以难,以观其勇;烦之以事,以观其治;临之以利,以观其不贪;滥之以乐,以观其不荒;喜之,以观其轻;怒之,以观其重;醉之酒,以观其恭;从之色,以观其常。远之,以观其不二;昵之,以观其不狎。复征其言,以观其精;曲省其行,以观其备。此之谓观诚。(《逸周书·官人》)

注释

①此句原次序文意不通,故据黄怀信《逸周书校补注译》改。

今译

父子之间,看他们是否孝顺和慈爱;兄弟之间,看他们是否和睦友爱;君臣之间,看他们是否忠诚和惠爱;乡邻之间,看他们是否诚实守信。审视他的起居生活,以观察他的处世方法;审视他对丧葬的哀伤,以观察他的贞烈贤良;审视他的出入交际的人家,以观察他的交友;审视他的交友,以观察他的诚信正直。给他设一个计谋,以观察他的智慧;让他看到危难,以观察他的勇敢;用很多事情去烦扰他,以观察他的理事能力;把利益摆在面前,看他是否不贪婪;多让他欣赏音乐,看他是否不沉湎。使他高兴,以观察他是否轻佻;使他生气,以观察他是否稳重。让他喝醉酒,以观察他的失态;放纵他,以观察他的常态。疏远他,以观察他是否坚贞;亲昵他,以观察他是否庄重。详审他的微言,以观察他的本质;遍察他的行为,以观他的全面。这就叫做观诚。

时析

人是社会的主体,人的素质,最根本的是诚信素质。诚信是每个社会成员立身、修德、处世的根本。朱熹认为诚信反映了人性中“近德向上”的要求,是反映人的真实本性。因此提倡和坚持以人为本,就必须通过教育与法制相结合的方法,努力提高人的诚信素质。要像朱熹那样,把是否诚信作为检验标准,并把这个标准贯彻到各行各业之中,使党政干部要秉公办事,廉政勤政,用好公权,不以权谋私,全心全意地为人民服务;科学工作者要实事求是,努力揭示自然规律和社会规律;新闻工作者要报道真实、客观公正;统计和会计工作者要实账实做,不做假账;企业家、商家要以信立业,平等竞争,以质取胜,不搞假冒伪劣、坑蒙欺诈。各行各业从业人员都以诚立业,以信立业,重信誉,信守诺言,这样就能形成人人讲诚信、事事讲诚信的社会氛围,不断促进诚信群体的巩固和扩大。

权之为度也,急而不赢,杀而不割,充满以贯,周密而不泄,败物而弗取,罪杀而不赦,诚信以必,坚悫以固,粪除苛慝,不可以曲,故冬正将行,必弱以强,必柔以刚,权正而不失,万物乃藏。(《淮南子·时则训》)

今译

“权”作为一种量具制度,它急迫而不浮躁,伐杀而不剥夺;充满而诚实,周密而不疏散;毁物而不索取,诛杀罪犯而不宽赦;诚实守信决不含糊,坚定谨慎决不动摇;清除奸邪暴虐而不容歪曲。所以有关冬季的政令一旦实施推行,弱小事物必定逐渐变强,柔弱事物必定变得刚强。有这种“权”度的存在,万物得以收纳隐藏。

时析

“权”是一个标准，一种规范，公平、公正、公开，具有诚信的特点。为人处世也要有权，诚实稳重，坚定而不动摇，那就是诚。

人先信而后求能。（《淮南子·说林训》）

今译

看人是否讲信用，然后再论及他的能力如何。

时析

说明“信”重于“能”，因为才能是后天逐渐积累、学习得到的，而诚信的建立需要付出巨大的努力，相对诚信而言，才能比较容易得到。

昔宋襄公信楚而不备，以取大辱焉，身执囚而国几亡。故虽有诚信之心，不知权变，危亡之道也。《春秋》不与夷、狄之执中国，为其无信也。匈奴贪狠，因时而动，乘可而发，飙举电至。而欲以诚信之心，金帛之宝，而信无义之诈，是犹亲跖①、蹻②而扶猛虎也。（《盐铁论·世务第四十七》）

注释

①跖（zhí）：指盗跖，古代奴隶起义领袖。②蹻（qiáo）：指庄蹻，战国时楚国起义领袖。

今译

从前宋襄公轻信楚国不加防备，以致遭受极大耻辱，自身被囚禁而国家几乎灭亡。所以虽然有真诚和讲信义的心意，但不知道随机应变，那就是走入危亡境地的途径啊。《春秋》中不赞同夷狄之人来执掌中原的大权，因为他们没有信义可言。匈奴如同贪婪的饿狼，等待时机成熟而行动，趁着条件的许可而出击，像狂飙突起，似闪电骤至。如果要以真诚信义之心、金银丝帛等宝物，来相信没有信义的欺骗，那就犹如亲近盗跖、庄蹻，扶助猛虎。

时析

这里以宋襄公、《春秋》为例证明，诚信与权变并不矛盾，面对不讲道义的欺诈，要提早防范，懂得灵活变通的方法。不能为追求个人所谓的诚信品德的完美，最终伤害他人，甚至危害整个社会的整体利益。

勿持功能而失信。（《诸葛亮集·将苑》）

今译

不要仗恃有功劳、有才能就失信于人。

时析

诸葛亮在他的《出师表》中真诚地表达了自己为了统一，为了蜀汉“鞠躬尽瘁，死而后已”的热忱。从历史来看，他的告诫无疑是正确的，自恃才能、成就而背信弃义的最终都没有好下场，只有遵守诺言、实践成约才能赢得更好的信誉和更多的发展机会。

若安天下，必须先正其身。未有身正而影曲，上治而下乱者。（《贞观政要·君道》）

今译

想要安定天下，首先必须为人端正。没有看到过自身端正而影子弯曲的，也没有看到过统治阶级上层安定而下层百姓作乱的。

时析

君主是天下人的楷模，要天下安定，自身必须言行端正，起到导人向善的作用。

为国之基，必资于德礼，君之所保，惟在于诚信。诚信立则下无二心，德礼形则远人斯格。然则德礼诚信，国之大纲，在于君臣

父子，不可斯须而废也。故孔子曰：“君使臣以礼，臣事君以忠。”又曰：“自古皆有死，民无信不立。”文子曰：“同言而信，信在言前；同令而行，诚在令外。”然而言而不信，言无信也；令而不从，令无诚也。不信之言，无诚之令，为上则败德，为下则危身，虽在颠沛之中，君子之所不为也。（《贞观政要·诚信》）

今译

治国的基本原则，必须借助德和礼，而君主所要保持的，关键在于诚信。这种诚信确立了，那么臣下就不会有二心；德和礼形成了，那么远方的人们也会归顺。然而德礼诚信乃是国家的根本纲领，蕴涵在君臣、父子关系中，不能片刻废弃的。所以孔子说：“君主对待臣下以礼，臣下对待国君以忠。”又说：“自古以来人都会死，失去人民的信任国家就站不住脚了。”文子说：“说话要讲信用，而且能够实行，信用在说话之前就有了。颁布政令同时能够一起执行，诚意在政令之外就已经存在了。”然而说话不讲信用，说话也就不被人相信；颁布政令而不遵从，政令就没有诚意。没有信用的话，没有诚意的政令，身为上级则会败坏道德，身为下属则会危害自身。即使处在社会动荡、生活困苦的环境之中，这些也是君子所不愿意做的。

时析

诚信是一种对自己、对他人、对社会都能勇敢承担起责任的美德，是朋友、夫妇关系中应该遵守的道德规范，在政治领域也是重要的政治道德规范。从国家的生存和发展来说，使民众建立起对政府和执政者的信任，要比强大的军队和充足的物资更为重要。失去人民信任的政府，领导者得不到支持，其统治必定无法长久，因此认真贯彻国家的法律政策，认真履行自身管理职责就是建立诚信最基本的途径。

夫君能尽礼，臣得竭忠，必在于内外无私，上下相信。上不信，则无以使下，下不信，则无以事上，信之为道大矣。昔齐桓公

守信

问于管仲曰:“吾欲使酒腐于爵,肉腐于俎[1],得无害霸乎?”管仲曰:“此极非其善者,然亦无害于霸也。”桓公曰:“如何而害霸乎?”管仲曰:“不能知人,害霸也;知而不能任,害霸也;任而不能信,害霸也;既信而又使小人参之,害霸也。”(《贞观政要·诚信》)

注释

①俎(zǔ):切肉或切菜时垫在下面的砧板。

今译

国君能够尽礼,臣下则能尽忠,自然就能够做到内外无私,上下互相信任。上级没有信用,则无法要求下级。下级不讲信用,则无法取得上级的任用。信作为道是相当重大的。从前齐桓公问管仲说:“我想使杯子里的酒发酸,肉在砧板上发臭,这对霸业无害吧?”管仲说:“这实在不是好品德。然而这也对霸业无害。”桓公说:“什么对霸业有害呢?”管仲说:“不能了解人,对霸业有害;了解别人的才能而不去任用他,对霸业有害;任用了但不信任他,对霸业有害;虽然信任他而又让小人参与其事,也对霸业有害。”

时析

这就是疑人不用,用人不疑。一个群体或者工作团队,分工协作是最基本的工作方式,对他们而言,最重要的就是必须相互信任。一旦上级质疑下级的忠诚和工作能力,下级质疑上级的管理水平和信用,必然无法进行默契的配合。

待之不尽诚信,何以责其忠恕哉!(《贞观政要·君臣鉴戒》)

今译

对待别人做不到诚信,又怎么能责备别人的忠心宽容呢!

时析

就个人而言，这种人就是对别人苛刻，对自己放纵，典型的以自我为中心。对国家来说，诚信政府是建立诚信社会的基础，只有诚信的政府，才能赢得社会各界的信任，增强人们的凝聚力、向心力、战斗力，才能更好地带领人民实现富强。

凡人之情，莫不爱于诚信。诚信者，即其心易知。故孔子曰：“为上易事，为下易知。”非诚信无以取爱于其君，非诚信无以取亲于百姓。故上下通诚者，则暗相信而不疑；其诚不通者，则近怀疑而不信。（《臣轨·诚信章》）

今译

从一般人的感情来说，没有不喜欢诚信的。诚信之人的心理容易了解。所以孔子说：“坚持诚信，作为上级则易于相处，作为下级则易于了解。”没有诚信就无法获得君主的爱护，没有诚信也就无法得到百姓的亲近。

时析

《臣轨》为武则天所撰写，一直与李世民的《帝范》并行于世，她在此专门说了君臣间的诚的重要性。人人都喜欢和诚实守信的人交往，因为不讲诚信的人，我们很难去了解他，对无法了解的人自然会产生戒备之心。

言出于口，结于心。守以不移，以立其身。此君子之信也。故为臣不信不足以奉君；为子不信不足以事父。故臣以信忠其君，则君臣之道逾睦；子以信孝其父，则父子之情益隆。夫仁者不妄为，知者不妄动。择是而为之，计义而行之，故事立而功足恃也，身没而名足称也。虽有仁智，必以诚信为本。故以诚信为本者，谓之君子；以诈伪为本者，谓之小人。君子虽殒，善名不减；小

人虽贵，恶名不除。（《臣轨·诚信章》）

今译

言辞出自口中，纠结在心中。坚守所说的话不改变，以此树立自己的形象。这就是君子的诚信。所以，做臣子的不够诚信就不能很好地侍奉君主，做子女的不诚信就不能很好地孝顺父母。因此，臣子以诚信忠心于君主，那么君臣关系就更加和睦；子女以诚信孝顺父母，那么父子间的亲情就更加浓厚。仁者不会有荒诞的行为，智者不会有荒诞的举动，他们选择正确的去做，参考道义去行动，所以事情成功而功绩足以骄傲，死后的名声也足以为人称道。但虽然有仁义、智慧，也必须以诚信为本。所以以诚信为本的，就是君子；以欺诈虚伪为本的，就是小人。君子即使死了，好的名声也不会减弱；小人即使身份高贵，恶名也不会因此消失。

时析

这段话是《臣轨》转引西晋傅玄《傅子》的话，告诉我们，立身处世要以诚信为本。话说出口就无法收回，如果不能实现，就会始终困扰人的内心。君臣、父子之间要以诚相待，履行诺言要符合正义、顺应事物发展规律，这样就会获得崇高的声誉。

古之所谓正心而诚意者，将以有为也。（《韩昌黎全集·原道》）

今译

古人所说的心思纯正，意念真诚的人，将来必定有所作为。

时析

韩愈的这篇文章名传千古。阐明古人不断追求自身道德修养的完善，是因为有一颗对国家、社会的责任心，“劣则独善其身，达则兼济天下”，一切的最终目的是要治国平天下，有所作为不仅仅是为个人的福利，还要为天下达到太平贡献力量，这样的行为就是“内圣外王”，才是真正的自我完善。

官人之难，先王言之尚矣。居家视其孝友，乡党察其诚信，出入观其志义，忧难取其智谋。烦之以事，以求其理；临之以利，以察其廉。（《通典·选举二》）

今译

任用官员的难处，以前的君主说得很好了。在家中看他是否孝顺友爱，在乡邻中考察他是否诚实守信，出外时观察他是否追求道义，在忧患艰难中看他的智慧谋略。用具体事务烦扰他，看他如何处理；使他面对利益，考察他是否廉洁。

时析

如何选拔优秀的官员不仅是古代统治者的难处，对今天的管理者来说也一样。想要深入了解下属的品行和才能，以便最大限度地发挥人力资源的优势，扬长避短，古人的这种考察方式今天依然非常适用。我们在日常交际中，想要加深对对方的了解，从这几个方面作一番考察，基本上就可以确定是否值得进一步交往了。

夫信者，人君之大宝也。国保于民，民保于信。非信无以使民，非民无以守国。是故古之王者不欺四海，霸者不欺四邻，善为国者不欺其民，善为家者不欺其亲。不善者反之：欺其邻国，欺其百姓，甚者欺其兄弟，欺其父子。上不信下，下不信上，上下离心，以至于败。所利不能药其所伤，所获不能补其所亡，岂不哀哉！昔齐桓公不背曹沫之盟，晋文公不贪伐原之利，魏文侯不弃虞人之期，秦孝公不废徙木之赏。此四君者，道非粹白，而商君尤称刻薄，又处战攻之世，天下趋于诈力，犹且不敢忘信以畜其民，况为四海治平之政者哉！（《资治通鉴·周纪二》）

守信

今译

信誉，是君主至高无上的法宝。国家靠人民来保卫，人民靠信誉来保护；不讲信誉无法使人民服从，没有人民便无法维持国家。所以古代成就王道者不欺骗天下，建立霸业者不欺骗四方邻国，善于治国者不欺骗人民，善于治家者不欺骗亲人。只有蠢人才反其道而行之，欺骗邻国，欺骗百姓，甚至欺骗兄弟、父子。上不信下，下不信上，上下离心，以致一败涂地。靠欺骗所占的一点儿便宜救不了致命之伤，所得到的远远少于失去的，这岂不令人痛心！当年齐桓公不背弃被曹沫胁迫订立的盟约，晋文公不贪图攻打原地之利而遵守信用，魏文侯不背弃与山野之人打猎的约会，秦孝公不收回对移动木杆之人的重赏，这四位君主的治国之道尚称不上完美，而商鞅可以说是过于刻薄了，但他们处于你攻我夺的战国乱世，天下尔虞我诈、斗智斗勇之时，尚且不敢忘记树立信誉以收服人民之心，又何况今日治理一统天下的当政者呢！

时析

这是司马光对商鞅变法、移木赏金作的评语。无论就个人、企业乃至国家，诚信都是最重要的资源，是社会构成和社会正常运行的胶合剂。当前诚信失范的主要表现为“三信”危机，即信任危机、信用危机、信仰危机。一些地方假货充斥，假证件、假账、假数据泛滥。“假”是当前群众反映最强烈的社会问题。诚信的缺失，如同“豆腐渣工程”，严重危害社会的正常运行，甚至将造成社会大厦的坍塌。因此，高度重视诚信建设，把“明礼诚信”作为社会道德建设的重要内容，作为构建和谐社会的必要条件，就具有鲜明的针对性。我们构建和谐社会，必须以诚信建设为基础，只有诚信建设加强了，诚信的共识形成了，和谐社会的构建才有了必备的社会思想条件。

人君临下，当以诚信为本。谏者虽辞情鄙拙，亦当优容以开言路。（《资治通鉴·唐纪四十五》）

今译

君主统辖臣下，应当以诚心和信用为根本。即使进谏的人言辞与态度庸俗拙劣，也应当宽容，以便广开进言之路。

时析

朋友、下属、亲人的劝告也许并不动听，但都是好意，是发自内心的关怀爱护，就像良药苦口、忠言逆耳，简单质朴的语言更能反映说话者内心的真实感受。所以对他们应当以诚相待，用真心交流。

忠信者，虽有怨仇而必用；奸回者，虽有私恩而必诛。（《司马温公集·王广渊第二札子》）

今译

忠实守信的人，即使与他有仇怨也一定要任用；奸猾邪恶的人，即使与他有私恩也一定要铲除。

时析

品德历来是中国古代人才选拔、任用的一个重要标准。善于认识人的品德和才能，才能最合理地使用人才。

无信，如何做事。如朝更夕改，虽商鞅之徒亦不可为政。（《朱子语类·学而篇中》）

今译

没有诚信，怎么做事。如果政令从早到晚不停地变更，即使像商鞅这样的人也不可能处理好政务。

时析

治国必须有法可依，有法必依。但如果法令变更频繁，不仅老百姓会不知道该遵守哪一个，连杰出的官员也会不知所措。制定法令制度之前务必认真，一旦颁行之后尽量去履行，否则百姓就会对统治者的能力产生怀疑。

人君之任臣，莫大于明君子小人之情；不明君子小人之情，而惟曰信任，未有不败事者矣。（《陈亮集·汉论》）

今译

君主任命臣子，没有比明了君子和小人的区别更重要的；不明白谁是君子和小人，而只是去盲目地信任，没有不使事情失败的。

时析

人与人之间相处最关键的是要相互了解，不了解清楚就去“信任”，事情就麻烦了。陈亮此处是用的反证法，讲究“信”的前提和条件，是要明“君子小人之情”，不明则“败事”。现实生活中不时出现的欺诈事件时有发生，人们不敢相信他人，人与人之间出现了信任危机。过去被人们所传颂的路不拾遗、夜不闭户的情形已不多见。门窗紧闭，邻里老死不相往来，似乎成了现代都市生活的真实写照。在政治生活领域，一些地方和部门的领导干部搞形式主义、官僚主义，弄虚作假、虚报浮夸等现象，像毒瘤一样，毒害着国家的躯体。诚信缺失现象正在严重阻滞社会经济的发展，也影响到一个国家对外开放的形象。

法度所以示信。（《宋史·范仲淹传》）

今译

法律制度是为了显示信用。

时析

政府诚信是一个国家社会诚信体系的核心，起着主导和示范作用。政府应加强自身诚信建设，完善失信的惩戒与追究机制，加大失信行为的打击力度，为全社会做出表率。所以法度是为天下树立的一个标准，是展示君主诚信度的最好平台。

窃以为天地之所以不息，国之所以立，贤人之德业之所以可大可久，皆诚为之也。（《曾国藩全集·复贺耦庚中丞》）

今译

我以为天地之所以运转不息，国家的建立和巩固，卓越人物的道德事业的发扬和持久的原因，关键在于真诚。

时析

虽然曾国藩对"诚"的推崇有些过于理想化，但他在以此思想进行治军的过程中，却巧妙地把它外化为对湘军将领、士兵的具体要求，也得到了显著的成效。

驭将之道，最贵推诚，不贵权术。（《曾胡治兵语录·诚实》）

今译

驾驭将领的方法，以能推心置腹为最佳，不推崇权术。

时析

带领属下，必须要能凝结众人的智慧和力量，众志成城，才能指挥得当。所以曾国藩以"诚"字作为团结官兵的纽带。

用兵久则骄惰自生，骄惰则未有不败者。勤字所以医惰，慎字所以医骄。二字之先，须有一诚字以为之本。（《曾胡治兵语录·诚实》）

今译

带兵久了自然会产生骄横懒惰的情绪，军队骄横懒惰没有不失败的。勤字可以医治懒惰，慎字可以医治骄横。但在这两个字前面，必须有一个诚字作为根本。

时析

骄兵必败，这是兵家大忌，所以作为将领必须以身作则，诚心诚意、老老实实地去刻苦勤奋地练兵，谨慎细致地谋划，才能提升士气，避免失败。

春秋时，晋文公围原，命三日之粮。原不降，命去之。谍出，曰："原将降矣。"军吏请待之。公曰："信，国之宝也，人之所庇也。得原失信，何以庇之？所亡滋多。"退一舍而原降。（《通典·兵四》）

今译

春秋时，晋文公围攻原，命令只带三天的粮食，三天之内要攻克原。但三天到时原并没有战败投降，晋文公便命令撤退。城内间谍出来说："原马上就要投降了。"将士们请求再等一等。文公说："信用，是国家的珍宝，是人民所依赖托庇的。得到原却失去信用，百姓靠什么得到庇护呢？损失太大。"于是向后撤退三十里，原因此投降。

时析

晋文公以"信"立国，把信用当做治国的法宝、安民的法宝，他宁可失去原，也不愿失去信用，表明他是一位诚信君主。治国凭借信用，可以赢得民心；打仗凭借信用，可以不战而胜。可见信用的威力之大，它不仅是一种美德，有时还是一种武器。

贪小利以自快，弃信于诸侯，失天下之援。（《史记·刺客列传》）

今译

贪图小的利益用来求得一时的快意，就会在诸侯面前丧失信用，失去天下人的支持。

时析

鲁国和齐国作战，多次战败，就献出遂邑地区求和，在柯地结盟。齐桓公和鲁庄公在盟坛上订立盟约以后，鲁国大将曹沫手拿匕首胁迫齐桓公，

齐桓公被迫答应全部归还鲁国被侵占的土地。事后齐桓公很生气,打算背弃盟约。但管仲认为,不可因贪图小的利益而在诸侯面前丧失信用,那样会失去天下人的支持,不如归还他们的失地。于是,齐桓公就归还了占领的鲁国的土地,也因此赢得了其他诸侯的尊敬。

只知一笑倾人国,不觉胡尘满玉楼。(《全唐诗·褒城》)

今译

只知道那一笑的风情举国倾倒,未发觉胡人兵马的烟尘布满了华贵的楼宇。

时析

唐人胡曾此诗是说,周幽王有个爱妃名叫褒姒,长得非常美丽,但是从未开颜一笑。为此,周幽王悬赏千金,求博得美人一笑的方法。于是有人想出了一个点起烽火戏弄诸侯的办法,想换取褒姒一笑。周幽王命令四下点起烽火。邻近的诸侯看到了烽火,以为西戎来犯,便领兵赶到城下救援,却发现安然无事,便鸣鼓收兵。褒姒见状,果然淡然一笑。如此两次之后,西戎果真来犯,虽然点起了烽火,却无援兵赶到。原来各诸侯以为周幽王又是故伎重演。结果都城被西戎攻下,周幽王也被杀死了,西周从此灭亡了。

自古驱民在诚信,一言为重百金轻。(《王临川全集·商鞅》)

今译

自古以来驱使百姓的关键就在于诚信,一句承诺所建立的信用要比百两黄金更珍贵。

时析

秦国商鞅变法时,为树立政府诚信,商鞅在南门立了一块三丈高的木头，布告说谁把这根木头移到北门，奖赏十金。当时社会信用匮乏，众人以为游戏一场，无人当真。商鞅便把赏金提到五十金，有人抱着试试的心理把木头搬到北门，果然得到赏金。“移木赏金”后，国家信用深深植根于社会，人们也增强了对变法的信心，社会信用由此孕育发展，秦国变法改革的政令得以贯彻，秦国由此逐渐强大起来。

诚信交往

二人同心，其利断金。同心之言，其臭如兰。（《周易·系辞上》）

今译

两人同心协力，其力量就会像刀那样锋利，可以切断金属。两人心有灵犀的言论，其气味就像兰草一样幽香。

时析

与人交往，关键就在于以诚相待。双方同心同德，必然是建立在共同的兴趣爱好基础上，因此相互之间容易交流，在共同奋斗的道路上彼此信赖，相互帮助，真诚的友谊自然不断增进。

“有孚挛如”，不独富也。（《周易·小畜》）

今译

“有诚信就会像手指弯曲握紧，紧密地、亲密地联结在一起”，意思是同心合力一同致富。

时析

这是说明自助、助人的道理。用自己的诚信来建立与别人的亲密关系，这样，不仅自己会富足起来，而且也会带动接近自己的人一同致富。《易经》关于“孚”的思想，后来为儒家大加发展，提出“立诚”这一学说，在中国传统文化心理结构的建构上起了重要作用。

嘤其鸣矣，求其友声。相彼鸟矣，犹求友声；矧[1]伊人矣，不求友生？（《诗·小雅·伐木》）

守信

注释

①矧(shěn):另外,况且,何况。

今译

鸟儿嘤嘤在叫,想找到同类相和。看那小鸟都在寻找自己的朋友,何况一个人为什么不能找到自己知心的朋友呢?

时析

这首诗是在比喻寻求志同道合的朋友,那为什么有些人找不到这样的朋友呢?缺乏真诚的情感,就得不到人与人之间需要的友谊,友谊产生于共同的兴趣爱好,需要用理解和真诚去浇灌。

无信人之言,人实不信;(《诗经·郑风·扬之水》)

今译

无诚信之人的话语,人是不应当相信的。

时析

一旦给人不守诚信的印象,就很难扭转过来,这就是要求做“信人”,即诚实守信的人。

子曰:“老者安之,朋友信之,少者怀之。”(《论语·公冶长》)

今译

孔子说:“我的愿望是,使老人活得安逸,朋友们信任我,年轻人怀念我。”

时析

让老一辈对你感到欣慰而放心,同辈人对你信任而依赖,年轻一代对你敬慕而怀念,这就是孔子做人的目标。要做到这样,必须给老人带来安宁的生活,交朋友时要坚持诚信,对年轻人要多加关怀。

孔子曰："不知命，无以为君子也。不知礼，无以立也。不知言，无以知人也。"(《论语·尧曰》)

今译

孔子说："不懂得天命，就不能做君子；不知道礼义，就不能立身处世；不善于分辨别人的话语，就不能真正了解别人。"

时析

孔子再次向君子提出三点要求，即"知命""知礼""知言"，这是君子立身处世需要特别注意的问题。《论语》一书最后一章谈君子人格的内容，其实就是要表明此书之侧重点，就在于塑造具有理想人格的君子，培养治国安邦平天下的志士仁人。言语是人们交往最主要的方式。知言，就是要观察其所说的话与所做的事是否一致，能不能忠实地履行诺言，以此来了解一个人的品性。这也就是孔子所说的"听其言而观其行"。

子曰："君子坦荡荡，小人长戚戚。"(《论语·述而》)

今译

孔子说："君子心胸宽广，小人经常忧愁。"

时析

君子光明正大而胸怀宽广平坦，小人惹是生非而经常忧伤愁闷。作为君子，应当有宽广的胸怀，可以容忍别人，容纳各种事件，不计个人利害得失。心胸狭窄，与人为难、与己为难，时常忧愁，局促不安，就不可能成为君子。能够衷心赞美别人、宽容别人的人，他这个人很快乐、很坦荡。妒忌心越强，憎恨心越强的人，内心越是充满痛苦。可能我们每一个人都有君子的一面，也有小人的一面。但是我们通过镜子一照，就照出了我们自己内在的阴暗的一面。假如我们将它拿出来，在太阳底下晒一晒，我们做人便会开朗一点，快乐一点。

以直报怨，以德报德。（《论语·宪问》）

今译

用公平正直来报答怨恨，用恩德来回报恩德。

时析

孔子提倡仁爱道德，追求真善美，所以他提出“以直报怨”。以直报怨不等于以怨报怨。也就是说，你打我一耳光，我并不马上回报一个耳光，而只是严正指出：你打我耳光，这是无理而又无礼，是错误的，希望你下次再不要这样。如此“以直报怨”，就有“恕道”即宽恕、容忍的精神在发挥作用。“以德报德”，理所应当。尤其是在人艰难困苦之中，雪中送炭，使人感恩戴德，兴起滴水之恩涌泉相报的心愿。

居处恭，执事敬，与人忠；虽之夷狄，不可弃也。（《论语·子路》）

今译

平时仪表态度要端正，办事要严肃认真，待人要诚心诚意。即使到其他落后的地方，这些品德也是不能放弃的。

时析

除了工作敬业，对人真诚，平时为人处世都得恭恭敬敬，这就是仁的表现。因为人与人本应是平等的，而诚心、恭敬则打破了这种平等，不是让人低你一等，而是有意让自己低他人一等。即便你年龄比他大，学历比他高，地位比他显赫，生活比他富裕，始终都能以“恭敬”之态相待。当然这种谦恭是出于自然、真诚，而绝非低三下四或故作的虚情假意。一个对谁都很谦恭的人，肯定为大家所喜欢、所敬重、所信赖。谦恭犹如投桃报李。你敬人二尺，人敬你一丈。欲使自己成为一位“谦谦君子”，必须从尊重他人做起。

孔子曰:“益者三友,损者三友:友直,友谅,友多闻,益矣;友便辟,友善柔,友便佞,损矣。”《论语·季氏》

今译

孔子说:“有益的朋友有三种,有害的朋友有三种。同正直的人交友,同诚信的人交友,同见闻广博的人交友,便是有益的。同谄媚奉承的人交友,同当面恭维背后毁谤的人交友,同夸夸其谈的人交友,便是有害的。”

时析

同正直可靠的人交朋友,会受到对方高尚品德的感染,见贤思齐,对于自身的发展是有利的。对方会随时指出你的不足,促使你不断改进,他还会在你最需要的时候雪中送炭,提供帮助,这样的朋友是人人都喜欢交往的。

仰不愧于天,俯不怍于人。(《孟子·尽心上》)

今译

仰起头来看看觉得自己对天无愧,低下头去想想觉得自己不愧于别人。

时析

做人要光明磊落、问心无愧,坦荡荡。能做到所作所为对上天没有愧疚,也不害怕别人知道,此时一个人的言语行为才算光明正派。面对天地鬼神没有愧疚、恐惧之心,对人世间的名利得失毫不介怀。怎么做到这样呢?那就必须真诚守信,坚守社会公义,自然会得道多助,能与别人和谐相处。

父子有亲,君臣有义,夫妇有别,长幼有叙,朋友有信。(《孟子·滕文公上》)

今译

父子之间有骨肉之亲情,君臣之间有上下之等级,夫妻之间有内外之分别,长幼之间有尊卑之秩序,朋友之间有诚信之美德。

时析

信同亲、义、别、序一起构成人有别于禽兽的五种基本道德规范。“五伦”是中国传统伦理道德的核心。五伦关系的基本结构是立足于鲜明的宗法等级社会,出于对社会伦理的强烈关怀,但是,支撑儒家这些道德观念的文化根源,却源自“天人合一”的思维模式。在儒家伦理中,等级或许是一个主导性的主题,但是,朋友关系既不基于爵位,也不基于年龄。所谓“朋友有信”就是指朋友之间应该重承诺、守信誉。朋友之间讲信誉、有信赖才能建立平等的关系。要做到这一点,首先要行善、讲仁义,唯有如此才可信赖。如若不善,就是父子之间、兄弟之间也不可信赖,何况朋友之间?因此,朋友之道,在于择善而从,朋友之间要相互批评,循循善诱,相互引导、启发,共同向善,通过朋友之间的切磋琢磨达到仁的境界。即使是言行不正的人,若其周围的朋友都是行善、仁义之人,也会使其渐渐变好。这就是孟母三迁的原因。

戒之戒之!出乎尔者,反乎尔者也。(《孟子·梁惠王下》)

今译

小心啊,小心啊!你怎样对待别人,别人也会怎样对待你。

时析

出乎尔者,反乎尔者。也就“一报还一报”,近于“以其人之道反治其人之身”的意思。但后世演变为成语“出尔反尔”,则成了言行前后矛盾,此一时、彼一时,反复无常的意思了。在这里,孟子实际上还是说的君与民、官与民的关系问题。孟子的意思很简单,普通老百姓看到当官的战死而见死不救固然是不对,但当老百姓灾荒年馑饿死或逃荒时,当官的见死不救就对吗?当官不为民做主,又要这当官的来干什么呢?当然不只是君与民、官与民之间才有这种关系，就是我们平常的人际交往中，也同样存在着这种关系。当今社会中，许多人就是因为没有处理好这种关系，弄得“你不仁，我就不义”，打小报告，相互拆台，就这样愈演愈烈，最后相互猜忌，酿成冲突的也不少见。遇到这种事情，最后解决的时候追根溯源，多半会发现正是“出尔反尔”所致。人与人之间缺乏信任，不能以诚相待，多一些真诚、宽容，事情就会变得更简单一些，关系也会更融洽一些。

凡交近则必相靡以信，远则必忠之以言，言必或传之。夫传两喜两怒之言，天下之难者也。夫两喜必多溢美之言，两怒必多溢恶之言，凡溢之类妄，妄则其信之也莫，莫则传言者殃。（《庄子·人间世》）

今译

凡与邻近国家交往一定要用信符，相互之间才能和顺亲近，而与远方国家交往则必定要忠诚于自己已经说出的话。用语言来交流谈判的就必定要由使臣来传达。传达双方都高兴或都愤怒的言词，是天下最难的事情。使双方都高兴必定要多说好话，使双方都愤怒必定要多说坏话。凡是夸大都类似谎言，谎言就不能令人相信，不相信传话的使臣就会遭殃。

时析

所谓明君贤臣，也会为虚名而走极端，混淆视听，作践百姓。正常的人进入政治，就像是置身危机四伏的险境。所以，面对政治，不管如何热心于建功立业、舍生取义，而首先必须做到诚信，才能使生命得到保全。其实生活中也一样，人们都喜欢听令人高兴的消息，厌恶坏事、噩耗。那么，在传递信息的时候，就必须实事求是，不夸大、虚报功绩，也不隐瞒损失，采取大事化小、小事化了的态度蒙混过关，只要以一颗真诚的心与对方交流，就能得到对方的理解和信任。

真者，精诚之蜇也。不精不诚，不能动人。（《庄子 · 渔父》）

今译

所谓真，就是精诚的极点。不精不诚，不能感动人。

时析

“真”是专心诚意的最高境界。没有真心诚意，就不能打动人。人的诚心所到，能感动天地，使金石为之开裂。只要专心诚意去做，什么疑难问题都能解决。

天下之达道五，所以行之者三。曰：君臣也，父子也，夫妇也，昆弟也，朋友之交也，五者天下之达道也。知、仁、勇，三者天下之达德也，所以行之者一也。或生而知之，或学而知之，或囷而知之，及其知之，一也。或安而行之，或利而行之，或勉强而行之，及其成功，一也。（《礼记 · 中庸》）

今译

天下通行的大道有五种，用来施行这些大道的德行有三种。这就是君臣、父子、夫妇、兄弟、朋友间的交往，这五种是天下通行的大道。知、仁、勇，这三种是天下通行的德行，而用来施行它们的方法都是诚实专一。有的人天生就能知道，有的人需要学习才能知道，有的人需要经过困难才能知道，等到知道了，却都是一样的了。有的人可以安然地去施行，有的人为图利而去施行，有的人需要极大的努力才能施行，等到成功以后却也都是一样的了。

时析

诚信不仅是一种品行，更是一种与人交往中所应当承担的责任。在不同的情境中，人所扮演的角色的身份、地位不断地转换，如何协调这些变化，又不会显得是变化无常，那就是以诚信为本。

君子能为可贵，不能使人必贵己；能为可信，而不能使人必信己；能为可用，而不能使人必用己。故君子耻不修，不耻见污；耻不信，不耻不见信；耻不能，不耻不见用。是以不诱于誉，不恐于诽，率道而行，端然正己，不为物倾侧，夫是之谓诚君子。（《荀子·非十二子》）

今译

君子能够做到可尊重，而不能使人一定尊重自己；能做到可相信，而不能使人一定相信自己；能做到可任用贤能，而不能使人一定录用自己。所以，君子以不修身为耻，而不以被人侮辱为可耻；以不信实为可耻，而不以不被人相信为可耻；以无能为可耻，而不以不被人录用为可耻。所以，不被赞扬所引诱，不为诽谤所恐惧，遵循着大道而行事，端端正正地修养自身，不为外物所动摇，这样的人才叫做真正的君子。

时析

君子的心性，真诚而坚定，以追求天道为目标，自尊自信，不为外界名利毁誉所动摇、污染，内心纯洁得宛如刚刚出生的婴儿，这就是赤诚君子。

君子之言，信而有规，故怨远于其身；小人之言，僭而无征，故怨咎及之。（《左传·昭公八年》）

今译

君子之言，诚实而有证据，所以怨恨远于其身；小人之言，既没有分寸，又无根据，所以遭致怨祸。

时析

人说话要诚实、要有根据，切忌无事实根据地胡言乱语。这样既可以避免给自己带来怨恨，又不会给他人造成不必要的伤害，对自己负责，对他人负责。

守

信

弃信背邻，患孰恤之？无信患作，失援必毙。（《左传·僖公十四年》）

今译

若自己丧失信用，背弃邻国，遇到祸患有谁会同情自己？失去了信用，一旦祸患发生，没有人来支援自己，就必定会灭亡。

时析

由此可见，重诺守信是十分重要的。如果我们对别人许下诺言，就必须认真对待，对自己的承诺负责，切勿掉以轻心，失信于人。在平日待人处世时，我们可先从守时开始做起，然后对家人、朋友信守承诺，以诚信待人。

两心不可以得一人，一心可得百人。（《淮南子·缪称训》）

今译

三心二意不能得到一个贤人，一心一意可以得到一百个贤人。

时析

对待人才必须真诚，待人接物必须专心、诚恳。以诚信去“得人”，就可以交到朋友，招揽到人才，而且这些朋友将是知心的好友，这些人才将是德才兼备的工作伙伴。

故使者必矜文辞，喻诚信，明气志，解结申屈，然后可使也。（《新序·杂事第一》）

今译

所出使者必须做到长于文学言辞，能够展示诚信，表明气节志趣，开解纠结，申明委屈，然后才可以出使。

时析

《韩诗外传》卷八说：“决使，非直敝车罢马而已，亦将喻诚信，通气志，明好恶，然后可使也。”意思是说，外交人员不仅仅是邮递员、传声筒，他代

表一国形象，他的言行、气度、才能综合反映国家的面貌，在这几点上必须达到一定水平才能出使，不辱使命。

见其诚心而金石为之开，况人心乎？（《新序·杂事四》）

今译

表现出诚心，即使像金石般坚硬的东西也会被打动，更何况人心呢？

时析

真心实意，连金石那样坚硬的东西也会被感动。人非草木，孰能无情。人心不是坚硬的金石之物，而是充满七情六欲，很容易受到感动。只有真诚，才能体现出发自内心的对他人的尊重，实现心与心的交流，所以也最能打动别人。以此来证明真诚的力量强大，对人要以诚相待，则事无不谐。

开诚心，布公道。（《三国志·蜀书·诸葛亮传》）

今译

待人要诚心，实行公正的道义。

时析

开诚布公的坦荡之风，如今已被“害人之心不可有，防人之心不可无”的猜疑所侵蚀，特别是利用人们的善意制造陷阱进行欺诈勒索等现象，迫使善良的人也不得不在自己和他人之间竖起了道道隔阂，因此，建立诚信在今天更难能可贵。

以信接人，天下信之；不以信接人，妻子疑之。（《物理论》[①]）

注释

①《物理论》：三国时吴国杨泉著，原文已佚，清人从马总的《意林》和《太平御览》中辑出。

今译

用信来对待别人，天下人都信任你；不用信来对待别人，就连自己的妻子与孩子都不信任你。

时析

诚实守信没有远近亲疏之别，对任何人都要讲信用。诚信是发自内心，而后见诸于行动，是一种没有任何阶级性的道德。

推之以诚，则不言而喻。（《中说·周公》）

今译

只要能够推心置腹，以诚相待，不用言说也会得到信任。

时析

《庄子·田子方》说："夫子不言而信，不比而周。"要达到不必直白也能得到别人信任的境界，唯有对人以诚相待，通过神情、动作等细微之处，让人如沐春风，在潜移默化中感受到那种发自内心的关怀和尊重，自然也就得到了对方的信任。

聪明者人不能欺，诚信者人不忍欺。（《朱子语类·外任》）

今译

聪明的人别人没有办法欺骗他，诚实守信的人别人不忍心欺骗他。

时析

诚信之人在交往中付出了真心，人们又怎么忍心欺骗对自己诚实守信的人呢？

"鸣鹤在阴，其子和之，我有好爵，吾与尔縻之。"此本是说诚信感通之理，夫子却专以言行论之，盖诚信感通莫大于言行。（《朱子语类·上系下》）

今译

“鹤鸟在树下阴凉的地方鸣叫，它的好伙伴声声应和；我有好酒，想与你共同受用。”这本来是说因为诚信而相互感通的道理。夫子从言行方面来解释，大概是因为以诚信来相互感通没有比言行更好的了。

时析

鹤清逸优雅，超然于尘世之外，一般比做贤人君子、隐士高人。大树为鸣鹤提供乘凉的栖息地，声声相应的鸣叫显得轻松愉快，让人如饮醇酒，陶醉于大自然的美景之中。实际上是作者借鸣鹤抒发自己的社会理想，强调人们只要真正用和平、诚信、恭敬和祥和的一颗心去与动物、与他人交往，都会得到心灵上的认同。而要让人感受到你的诚意，就必须通过言谈举止来引起他人的共鸣。

凡讼之道，当以诚实为先，诚实则利见大人，事不实则不利见大人，而利见昏迷之人矣。虽诚实而不利涉大川，恃其实而讼，则讼极而陷溺其身矣。（《丽泽论说集录·讼》）

今译

凡是打官司的道理，应当把诚实摆在首位。真实可信，就可以让贵人来调解，事情不实就不应当诉讼，这只会让人昏乱迷惑。即使真实可信，如果不够宽容，不愿调解而只想诉讼，结果自己也陷入了官司当中。

时析

当你与人发生争执的时候，找一个第三者或者比较有威望的人站出来为你们充当和解人，实在是最妙的一种方法。因为当你们两个人发生不愉快的事情时，彼此都在气头上，都会争得脸红脖子粗，各不相让，无论谁有理双方都不会耐心地聆听下去。这时，如果找一个第三者或者有威望的人出面和解，双方都会很尊重他的意见，就会坐下身子，安下心来聆听第三方的意见。当情况对自己有利时，要懂得让步，而不是继续争执下去，弄得没完没了，以至于双方都兵戎相见，大动干戈，头破血流，这样是不吉利的。当我们与人争执的时候，要冷静反省，要想到和为贵。

以诚感人者，人亦以诚应；以诈御人者，人亦以诈应。（《读书录》）

今译

以诚信感化他人的，他人也会以诚信来回报；以奸诈御使他人的，他人也会以奸诈回报。

时析

与人交往，付出多大的真情，就会得到别人多大的回报，“投之以桃李，报之以琼瑶”，这是人际交往的一条基本原则。要得到真诚的友谊，自己首先要付出最大的诚意。

修身处世，一诚之外更无余事。（《朱舜水集·杂著·诚二首》）

今译

修养自身品性，处理好人与人之间的关系，唯一靠的是真诚。

时析

道德全在一个诚，诚便是实，只有实才能躬行，无行则无德，体现出崇实黜虚、笃行践履的基本特征。

以诚信待人，何所疑惧？（《武经总要·后集》）

今译

以诚信待人，有什么怀疑害怕的？

时析

诚信交往、问心无愧、充满自信，因此无所畏惧。

非直谅多闻之人，不能得直谅多闻之友。（《西岩赘语》）

今译

不是正直、信实、知识渊博的人，不能得到正直、信实、知识渊博的朋友。

时析

清人申居郧在此指出，要交到正直、诚信而又知识渊博、对自己有帮助的良师益友，自己也必须以此为目标。人以群分，物以类聚，要交真正的朋友，其实就是因为受到对方的吸引，与志同道合的朋友在一起，在自我修养和知识上的进步会更快。如果自己品德、学识低下，是交不到真正的好朋友的。

人而信，则至诚无妄，见之于伦，朋友信也。（《颜元集·人论》）

今译

人能守信，则至诚不虚妄。表现在人伦关系中，就是朋友之间的信任。

时析

人与人之间的信任，来自于诚实守信的良好品德。

凡人以伪来，我以诚往，久之则伪者亦共趋于诚矣。（《曾国藩全集·致九弟》）

今译

但凡以虚伪对待我的，我还是以诚相待，天长日久则能使虚伪的人也一起趋向真诚。

时析

这是曾国藩给弟弟的忠告，他特别强调了诚信的感召力，相信“以德报怨”，这比“以怨报怨”和“以直报怨”对人的道德要求更严格，不是对人性充满信心、完全相信诚信的人所能做到的。

以信待人，不信思信；不信待人，信思不信。（《傅子·义估篇》[1]）

注释

①《傅子》：傅玄(217—278)，字休奕，北地泥阳(今陕西耀县)人，魏晋时期思想家。论经国九流及三史故事，为内、外、中篇，今仅存《傅子》二十四篇。

今译

用诚信对待他人，就是本来怀疑你的人也会相信你；用伪诈对待他人，就是本来信任你的人也不敢相信你。

时析

这就是以德报怨，人不可能一时间得到所有人的信任，面对猜疑要心平气和，以诚信去感化他人，这不仅会改善自己的人际关系，也会让他人改掉无故猜疑的毛病。

季札之初使，北过徐君。徐君好季札剑，口弗敢言。季札心知之；为使上国，未献。还至徐，徐君已死，于是乃解其宝剑，系之徐君冢树而去。从者曰："徐君已死，尚谁予乎？"季子曰："不然。始吾心已许之，岂以死倍吾心哉！"（《史记·吴太伯世家》）

今译

季札出使之初，去造访北方的徐国的君主。徐君十分喜欢季札身上所佩的剑，但是却不说出来。季札心里也知道徐君喜欢自己的剑，但是他还要出使到别国，所以没有送给他。后来他出使完后再回到徐国，徐君已经死了，于是季札解下宝剑，挂在徐君墓前的树上。他的随从说："徐君已经死了，这是要送给谁呢？"季札说："不是这样的，我当初心里已经要把这剑送给他了，怎么能因为徐君死了而违背自己的诺言呢！"

时析

人死了就不去兑现诺言，那就是欺心。承诺有时候并不一定是说出口的，例如认为自己确定的目标、理想，那就是自己对自己的承诺。守信，表现在自己身上就是不能欺心。

常存抱柱信，岂上望夫台。（《李太白全集·长干行》）

今译

宁可抱柱而死也要守约，岂用登上望夫台白白地等待。

时析

所谓“抱柱信”是说一个叫尾生的男子和一个女子在桥下约会，直到河水上涨，可那女子还没有来，尾生为不失信用，坚持等待，最终抱住桥柱，被水淹死。尾生的行为是过于迂腐拘泥，但他表现出的精神却历来受到人们的称颂，因为他是在用宝贵的生命来诠释“不见不散”的含义。因承担一些力所不及的工作或为哗众取宠而轻诺别人，结果却不能如约履行，是很容易失去信赖的。守信义，即对许诺一定要承担兑现。“人无信而不立”，答应了别人的事情，对方自然会在你身上寄托希望，一旦别人发现你开的是“空头支票”，说话不算数，就会产生强烈的反感。“空头支票”，会给他人增添无谓的麻烦，也将使自己名誉受损。所以既要对别人委托的事情尽心尽力地去做，又不要应承自己根本力所不及的事情。